21 世紀
臺灣社區營造論述之形構

柯一青 著

序

　　21 世紀臺灣主要的社區總體營造論述，已經執行了許多時日。戰後臺灣的社區建設中並無民眾參與學習的政策，社造的出現讓參與機制出現，然而參與並不等於參加，民眾必須在社區硬體及軟體建設中得到學習的經驗。

　　社區營造的期待並非實質的社區建設，而是社區民眾如何自主的學習，期待人民在離開學校後在社區仍能得到學習的機會，社區的健全有助於人心的凝聚，社區營造重視的是營造的過程也就是凝聚共識、共同負責及衝突解決的過程，並不一定必須達到怎樣的實質利益。臺灣人民沉溺在經濟奇蹟下的豐沃收入，卻也因此犧牲了家庭及社區生活的建立。人民辛苦的工作本應該是為了過更好的生活，但現今卻有很多人是因為賺取更多的經濟利益而犧牲了生活，與家人鄰居的關係卻越來越遠。而這個現象在社會上十分普遍，資本家將員工當成生產機器，員工自然將老闆當成提款機，沒有凝聚沒有情感，社會問題自然天天上演。

　　社區營造的提出，曾經給予中產階級無限的期待。這是

一個凝聚人心的力量，也是經歷殖民及長期威權統治的人民，學習自我發聲的機會。本書試分析社區總體營造政策發展的歷程與分析，大部分論點為個人觀點，只對現象及狀況陳述並無針對任族群及黨派之意。內容如有錯誤，仍請前輩先進不吝賜教。令人期待的社區營造精神，始終無法改變以「建設」為選舉鋪路的現象。選舉的考量常讓社區組織內部產生矛盾，最後回到從前以硬體建設為主軸的「社區營造」政策。期待政治的思維遠離社區，才能使社區居民真正自主。

　　從社區營造到社區總體營造，臺灣走得十分艱辛，公私部門如何協力，建構一個社區永續的未來，是臺灣的巨大挑戰。期望看到臺灣公民社會力量的真正的展現。

目錄

序   2

第壹章   緒論   7

一、動機與目的   7

二、方法   10

三、研究流程與操作方法   12

第貳章   二十世紀末葉臺灣社會空間的改變與社區意識的興起   14

一、準後現代性與城鄉社會的變化：二十世紀末葉
臺灣社會空間的轉變   14

二、社區／地方意識在逐漸分裂的時空中差異地興
起   23

三、準後現代性脈絡下「社區營造」意義的轉變   32

第參章　二十世紀末葉臺灣社造的推動主體及論述　　　39

一、缺乏彈性的國家文化官僚 VS.多元展現的社會群
　　體　　　　　　　　　　　　　　　　　　　　39
二、從「生命共同體」到「心靈改革」　　　　　　49
三、徘徊於文化產業與地方社會重建的歷史困境　　57
四、來自地方底層非正式實踐的脫曳生機-環保運動

　　　　　　　　　　　　　　　　　　　　　　　60

第肆章　二十世紀末葉臺灣社區營造的實踐技術及反省　　64

一、乍露生機的「參與」論述及其納入體制的異化　64
二、沉溺於地方古董蒐集的文史調查　　　　　　　71
三、無法中介、調和社會矛盾的社會動員　　　　　76
四、與地域性脫節的活動舉辦　　　　　　　　　　80
五、文化的廉價化與商品化　　　　　　　　　　　82
六、來自少數案例的生機　　　　　　　　　　　　86

第五章　二十世紀末葉臺灣社區營造的社會——空間論述及想像 90

一、一度浮現的自足地方與市民理想社會（來自西
　　方「地域—公社」傳統的空間想像）　　　　　91
二、模糊的家庭想像　　　　　　　　　　　　　　97

三、認同神話下扁平而均質化的「地方」   101

四、封閉排外的「父權新故鄉」：以國族為基礎的威

    權新社會與秩序空間   103

五、以現代化工業化為品質象徵的進步想像   107

六、差異地誌的文化產業異化   109

七、空間與社會的斷裂   118

第陸章   結論   124

一、整體回顧   124

二、逐漸失去的市民意識   125

三、社區不再！？   129

第壹章　緒論

一、動機與目的

　　在 2002 年的秋天，筆者意外發現了一個充滿特質的地方，這裡空氣中充滿著純樸的氣味，就這樣開始了對這個地方的體驗及查訪。這個地方原名為「猴洞」1962 年改名為「侯硐」。幾年前因民眾、民意代表及文史工作者認為這裡只曾經有獼猴居住的洞穴，並沒有侯爵在此居住，認為必須將地名改為猴硐。而硐字是因為當初產礦，而礦坑忌水而改為石字旁，故予以保留。經爭取後近年終於正名為猴硐，這就是民眾對居住環境的覺醒。曾經猴硐車站是平溪線煤礦的出入的總匯。

　　猴硐曾為往來宜蘭的重要地點，在當時猴硐人都認為這種繁華可以永恆，曾幾何時，因礦業凋零造成人口產業轉移，原本屬於這裡的各種煤礦附屬產業也因此逐漸外

移，猴硐漸漸走向邊陲淪落的命運，導致長久以來給人刻板的落後與偏僻的印象，與繁華喧鬧的臺北城形成強烈的對比。猴硐雖因偏僻且無產業價值而無太大的發展，也許正因為處於如是的處境，讓猴硐在七〇、八〇年代全臺普遍為現代性摧殘的年代中，仍保留相當豐富屬於地方的魅力。如何維持猴硐的獨特性與跟上全球化（globalization）浪潮的取捨中，猴硐人不斷地在努力尋找地方新的方向與定位。

比起金九地區的絢麗及繁華，當時的猴硐有種不協調且樸實的美，這正是它獨有的空間特色。猴硐昔日以煤礦為主要生產活動，大小粗坑則有些許的金礦，所以停採後留下來的礦坑就成為一自然的博物館，如瑞三選礦場、昇福坑、復興礦、侯硐坑及瑞山本礦坑、神社遺跡及金字碑等。另外這裡，有著獨特的天然資產，巨石嶙峋橫生與山嵐、河流和樹木，每天變化的山嵐及氣候加上頹廢沉靜的礦產廢墟意象，其實這就是猴硐重要的空間資產。在當地鄰里及居住過的人來說，猴硐的每個景物都代表過去辛勤的回憶，也是凝聚感情的空間，不同的人來到這裡有著不同的感受。

大多數長期在城市居住的人，可以試著以當地人的身分感受前人遺留給我們的歷史記憶。在這裡彷彿進入了時光隧道，循著瑞三礦業公司創建 50 週年的手冊走過當時礦

工的木工工廠、電機工廠、宿舍、管理室及浴室等建築，體驗唏噓的人煙及空曠的建物。

　　從體驗及訪談試著還原當時的繁華榮景，當走進部分的礦工宿舍，裡面仍有礦工子女在居住，空間十分狹小，仔細聽著他們訴說當時外地生活者的艱辛。想像著他們在黑暗深淵裡忙碌生活，淚水與汗水，灑落在猴硐蜿蜒的運煤小路上，運煤車牽著礦工的憂傷與快樂一起向希望前進。當地居民仍記憶 1969 年礦坑的災變，微薄的撫卹金卻是辛勞一生的代價。體驗之旅沿途皆是樸實無華的礦工宿舍，歷史文化遺跡無論如何殘破不堪，必也保有其人文之美，荒廢的礦工宿舍，更直接反映了當時的社會景況。

　　感動的地方給人感動的記憶，當大家討論猴硐未來的發展的當時，發覺到「社區總體營造」(comprehensive community development)已悄悄的影響這裡，原本已退出猴硐的瑞三礦業公司及地方政府，試圖以猴硐煤礦博物館及礦工生態園區振興這裡的經濟。然而近年來卻因不在規劃範圍的貓村的興起而再度改變地方原有的生態。然而社區總體營造的政策及實踐絕非偶然，具有其特地的政策意義及目的，試著以歷史脈落探尋社造論述興起的原因，進一步對社造論述進行分析，以期瞭解社造論述出現的始末、實踐過程及論述構造，並式著分析社造過程所面臨的相關課題，進一步反省現行臺灣環境的社造可行方向。

二、方法

　　在既有相關「社區總體營造」的研究中，大部分屬於個案操作的方式及其實踐成果來作探討，坊間也有許多宣揚社區營造成果的書籍。除了普遍政令宣導紀錄行書籍外，也有討論社造之初社會運動的展開及社造前社區發展的研究。本書期望可以從歷史的脈落中重新出發，將「社區總體營造」論述出現前、中、後之脈落與意義之探討，以期瞭解何謂「社區總體營造」及其餘各個實踐階段所代表之意涵及其轉變。

1.從歷史脈絡中探尋「社區營造」出現的契機與背景

　　戰後的臺灣從農業社會(agrarian society)轉變成一連串追求現代化(modernization)及工業化(industrialization)的發展下，其實產生許多社會矛盾，再加上全球化的力量及國際化(internationalization)的挑戰，社區總體營造從社區發展為主的社會福利工作在特殊的環境中漸漸演變成為社會運動(social movement)。因為國家機器漸成為一種保障既得利益者的具體制度，而人類本身就具有休戚相關、互助及合作的道德精神，故在社會運動蓬勃發展的時期，在無政府狀態下由社區自主的公民社會(civil society)一度曾經是人民可期待的事。然而社會運動一連

串的出現迫使國家機器進行政策改變，為維持資本主義
(capitalism)統治主體，國家機器以社區總體營造及生命
共同體論述來收編社會底層力量，漸漸的一切歸於原點，
大部分自主力量重回父權威權體制之下規則的繼續存在。

2.從論述主體之社會結構分析其構造及內涵

　　國家機器為回應一連串的社會運動提出了「社區總體
營造」，由文建會(現文化部)作為主要推行的單位，後期則
推廣至各部會依其權責推行各種不同類型的社造，卻仍難
離開科層制官僚體制的約束常使社區總體營造原意盡失，
本書期望透過當時文建會等論述主體作一整體性瞭解及分
析，以研究國家機器收編「社區總體營造」主要民間團體
作為推動的力量的方式，藉此探就此群體意識形態
(ideology)根源。

3.研究「社造論述」實踐操作方法

　　國家機器對於「社區總體營造」發展出一套制式的執
行方式及典範，參與論述的出現(參與式社區設計技術手
冊」)、文史(田野)調查、活動及文化產業等，推動者透過
實踐操作方式規定多種了制式的模式(mode1)或者操作手
冊，本書試著分析實踐操作方式並分析對「社造」的影響。

4.「社造論述」之空間想像

　　期望透過研究方法，將社區總體營造論述出現及其所想像的新秩序社會空間作一初步的架構與探討，以瞭解國家機器企圖營造的國族想像，繼而了解其策略面、空間品質及其社會關係，並與認識論、知識論整理出社區總體營造論述做法及長、短處試圖作整體分析及瞭解，以為整體檢討後提出建言。

三、研究流程與操作方法

1.研究流程

　　本書希望透過相關出版品、網頁資料、案例分析及國內相關文獻蒐集後進行資料彙整及交叉比對分析，最後擬訂大綱後進行書籍寫作與分析。

2.操作方法

　　(1)透過資料蒐集、分析與文獻回顧的方式對歷史社會脈落作瞭解：

　　蒐集戰後臺灣農業社會為主到工業化至全球化等相關資料，透過對社會脈絡相關資料的蒐集、分析及解讀後，擷取臺灣戰後以來的相關整體社會脈落。

(2)透過政府出版品分析：

透過前文建會(現文化部)相關出版品、相關社區營造計畫、相關研討會資料、社區宣傳品及社區規劃師培訓等相關資料，嘗試分析國家機器對「社區總體營造」的想像空間及社會秩序藍圖，並且分析策略與方法。

(3)主要網站分析：

透過前文建會網站(現文化部)、各縣市社區營造網站及「社區總體營造」官方網站及各與社區營造有關活動及文化節網站活動內容、圖片及組織等瞭解「社區總體營造」實質操作方式及成果，並試著分析其操作類型。

(4)報章雜誌報導：

主要是由社區營造相關刊物及文建會(現文化部)或各縣市政府城鄉局等所發行的刊物，從其內容篇章，觀察撰寫者主要表達意涵，宣傳政令之目的及各大報章媒體對「社區總體營造」之相關批評及報導分析。

第貳章　二十世紀末葉臺灣社會空間的改變與社區意識的興起

　　二十世紀末葉臺灣社區實踐論述的出現與社會空間改變及社區意識興起密切有關係，且隨著政治及社會變動使社區營造的意義，產生重大轉變，故本章節首先要探討二十世紀末葉臺灣社造論述形構的歷史社會根源及意義。

一、準後現代性與城鄉社會的變化：二十世紀末葉臺灣社會空間的轉變

　　「社區」(community)是社會結構(social structure)的一環，並不單單指的是村里，更不以集合住宅為單元，應該屬於人心裡互動的一種組織，並無固定的範圍與界

限。故「社區意識」（community consciousness）必然隨著社會空間及政治、經濟環境的轉變而變動。臺灣戰後的社會結構由傳統農業社會開始逐漸轉變；政治環境也因威權政治瓦解而開始改變，此種階段性演變意外成為社區意識產生的條件，也造就凝聚成為社會運動的契機。茲分別就臺灣社會結構及政治環境演變敘述如后：

1.戰後以迄八〇年代以前臺灣既有的社會-空間結構

　　戰後，國民政府取代日本殖民統治者在臺灣的地位，起初仍延續日治時期人民與政府的關係，並未試圖觸動或改變整體的臺灣社會經濟結構，故當時臺灣的社會組成仍處於地方鄉紳、小農與佃農為主的農業社會。但隨著政經情勢的變化社會結構開始產生轉變。其中在政治方面，經過一連串政治事件（如２２８事件等）拔除了日治殖民時期的本土精英或政治領導者。在經濟方面，則透過土地改革政策削弱地主對農業生產之掌控，再以「以農養工」政策扶植原有的地主將產業重點轉向工業。此時期臺灣正處於威權與現代化主義勢力的相互角力，政治與經濟消長的抉擇。由於當時的政府對美國的援助過度的依賴，只好朝向資本主義親成長發展。原本在土地政策中被削弱的地主，在政府扶植下搖身一變，即成為民營家族企業資本家。而臺灣社會因此漸漸的從以農養工轉為由農轉工，經濟上

也由進口替代轉為出口導向。而臺灣的農村則呈現生產力衰退的現象，因應著低工資、低糧價、肥料換穀政策及產銷一元化政策而來的農業破產，造成了城鄉移民，農村勞動人口大量向都市集中，城鄉關係開始改變。

工業化政策推動後沿著省道旁的工業都市則逐漸興起。當時工廠大多選在交通便利及地價低廉的郊區，而許多工商住宅則沿著工廠附近興建。由鄉村移入的勞動人口則多隨著聚集於工廠附近暫時居住（除了都市的原有住民以外）。此時城市在社會中只是一個中繼而短暫的位置，在城市完成工商業活動後仍須回到鄉村去，因為鄉村裡才有「家」的存在，逢年過節總有大量的返鄉潮。比較免於工業化的影響只有後山屏障的宜蘭等東部地區，此時北臺與南臺的城市與港口為臺灣人口集中謀生的地方。另一方面，鄉村地區農村子弟為了追求更好的發展，紛紛放棄農耕，到都市就業。結果造成農地荒蕪，有田沒人種。

而受到工業化的影響，雖保留過去農業社會的家庭權力，但三代同堂組織下，由祖父母掌控經濟大權的情形卻漸發生了改變，三代中的青壯年受工業化影響而出走，轉而負擔起原有家庭的經濟重任。由於臺灣經濟結構的改變，人民對農業失去原有的依賴性，轉而對工業化的嚮往，從當時農村房子紛紛修建成工業化城市先進的設施即可得知。

簡言之，戰後臺灣基本上是傳統的農業社會，因後政府的政策改變，先以農養工再轉爲由農轉工，最後造成鄉村社會逐漸瓦解。新的社會更使城市失去凝結力，家庭結構因青壯年的出走發生了改變，根據調查 1935 至 1985 年臺灣的人口遷徙趨勢大部分是以臺灣南北兩處集中。其後全球化的興起更加劇工業化即進步的價值觀，且此時勉爲保有的傳統家庭結構也因全球化的興起再度改變。

2.來自全球化的衝擊及其區域社會——空間形塑

　　八〇年代臺灣社會逐漸工業化後造成社會結構的轉變，後續接踵而來全球化(globalization)力量更加速城鄉的差距及家庭結構的瓦解，在此差異的社會狀態下，社區論述及社區意識漸漸的興起。

　　美國爲主的北大西洋公約組織（North Atlantic Treaty Organisation，NATO)和蘇聯爲主的華沙公約組織（Warsaw Treaty Organization)二者成爲彼此對立的的勢力，並展開了長達 46 年的冷戰局勢(Cold war era)，在經濟上美國實行自由主義經濟（Free Economy)，蘇聯則實行計畫主義經濟（Planned Economy)。當自由世界組織與華沙共產組織因蘇聯的瓦解不再對立時，全球化的現象則漸漸的成型。全球化的發生源於各國社會歷史政治、文化及經濟等系統被整合性的發展，全球化超越及穿透原本以

國家做界限的組織活動，並且使全球形成一種動態的連線國家邊界所刻劃出來的輪廓漸漸消失。臺灣也受到全球化的衝擊下，也使得社會結構發生了改變。

工業化以縱貫線爲主要運輸通道的工業區在中山高速公路完工通車後開始改變，沿高速公路旁的加工區漸漸興起，臺灣在資本主義的動員下成功扮演著代工的角色，此時的臺灣北臺與南臺是並重的。然而臺灣在全球化的衝擊下原本代工的角色漸漸被其他工資更低廉的國家取代，尤其是中國大陸，資本家爲了尋求廉價勞工以追求最大利潤，就選擇關廠及遣散工人。八〇年代晚期，在臺企業爲了尋找廉價的土地及勞動力開始漸漸外移。城鄉移民加劇，「家」的組織也因此受到影響，原本移民者仍有的家庭觀念因此有了改變，原有的農村家庭結構被破壞，農民往都市集中，北臺迅速興起，南部雖仍有農村及農業卻十分衰敗。

此時大家庭結構也在轉變中發生結構鬆動的現象，原本的大家庭結構逐漸變爲核心家庭結構，親屬間連結較低，往來也不頻繁，傳統家庭價值觀逐漸瓦解，家人關係日益疏離，家庭組織由複雜趨向簡單。在此之下傳統的大家庭制度已逐漸被小家庭或改良式家庭取代，早先密西根大學人口研究中心與臺灣家庭計畫中心合作 1977 年的調查報告，調查結果原先臺灣家庭結構是以折衷家庭和核心

家庭二者並重為主要的家庭結構型態。而另一資料更顯示從民國 54 年起,核心家庭所佔的比例由 35%增加至民國 62 年的 40%,再續增至民國 69 年的 50%及民國 75 年的 56%,同一期間折衷家庭所佔比例並無明顯變化約佔三分之一強左右變動,而聯合主幹家庭則明顯在持續減少由民國 54 年 26%持續降到民國 75 年僅剩 7%,而本來比例就不高的聯合家庭更是只有 1%的家庭是此種類型,到了 87 年核心家庭達到了 67.21%,91 年仍為持在 63.34%。

準後全球化(Globalization)與現代化(modernization)力量造成北臺（城市）的都市蔓延(Urban Sprawl),臺北市儼然成為全球都市(Global City),北臺（城市）與南臺（鄉村）開始慢慢脫節,慢慢的北臺已無農業社會,南臺雖然仍有農業社會但是卻相當的衰敝。全球化的力量已將臺灣切割成南北兩塊不一樣的社會型態。在這脈絡中,臺北除了原本即為政治的中心外,在經濟上也開始吸引大量的投資及勞動移民,臺灣北部成為高度成長區域的中心。此時,北臺繁華城市的景象成為人人嚮往的目標,從 1986 到 2000 年的人口遷徙趨勢,大部分的人口都往北部集中,臺灣成為北部快速人口增加的狀況。

臺灣的社會價值觀(value)也因為全球化的影響,而開始有了改變。令原本每逢過年過節回到鄉村的習慣也逐漸改變,家族及宗親觀念被打破,漸漸的大家庭中的青壯

年在外地有了穩定的生活，由年長者北上過節或乾脆接年長者北上居住，代替回到「故鄉」的習慣，這種情形代表著中產階級（middle class）的價值觀開始被社會所接受，中產階級逐漸主宰社會的命脈與運作。

由上可知，臺灣在經過全球化的洗禮後原本南北人口集中的社會結構再度被改變，北臺（城市）快速的興起，南臺（鄉村）漸漸衰敗，原本家庭結構（family structure）也完全遭到破壞，小家庭漸漸取代原有的大家庭結構，而原本鄉村家族及宗親群體觀念卻在此改變下漸漸消失了。

3.新威權的「本土 x 金權」操作及地域割裂

臺灣區域社會–空間除了受全球化的影響外，在八〇年代臺灣社會因全球化切割產生劇烈變化的同時，另一種新威權的力量也隨著地緣政治的脈絡下割裂地域。全球化的衝擊使臺灣南北失衡，城鄉移民加劇，使得政府不面臨嚴峻經濟課題的挑戰，同時島內的政治情勢也出現巨幅的變動。戰後全臺壟罩在威權體制之下，蔣經國繼位後雖一度提倡「本土化」（localization）但並非臺灣國族意識的倡導，更擺脫不了威權體制本質，而這種現象一直到1987年發生了變化。這一年由於社會運動高度發展迫使執政者宣布解嚴，終結了臺灣將近五十年的戒嚴統治。而後，隨著蔣經國總統逝世，繼任的政權經歷幾次政治鬥爭後，掌握了實權，而政治社會結構也開始轉型。所謂的轉型，一

般以「臺灣化」稱之也就是所謂的「本土化」,此時「本土化」論述成為繼任政權取得統治合法性的最佳利器,其企圖讓國民黨擺脫長久以來被認為外來政權的形象。在經濟方面國民黨在蔣氏政權結束後演變成緊密地與臺灣的地方派系的資本家結合的現象,一方面使得國民黨本土化,另一方面也取得政權統治的正當性,成功化解反對黨對外來政權的批評。繼任政權成功的將本土化的「鄉土」轉換成「國族」成為另一種形式的新威權政治。解嚴之前在威權統治之下,是屬於父家長式之政治運作(透過黨-政-軍的運作模式),但僅在於透過經濟特權來拉攏地方派系,以換取個別的地方勢力對中央威權政體的支持與認同,其實只能說是一種類似利益交換關係,地方與政府仍存在一種特有的主從的關係。解嚴之後威權政治瓦解,表面上已實行民主,實際上呈現另一種方式的父家長式之政治運作,改變的是相對關係,當執政者攏絡資本家(capitalist),釋放相當的經濟利益及政治權利,而獲利者則必須認同其執政者統治之合法性,成為另一種形式的父家長式之政治運作,此種現象使得地方派系在此時蓬勃發展。

臺灣在 1987 年政治解嚴之後,興起了很多不同以往的現象。其中最重要的就是上述國家機器與地方資本家的關係開始改變。在戒嚴的威權統治時期,國民黨政府與地方資本家的主從關係政府仍是高高在上的,政府僅扶植地

方資本家，以強化臺灣資本主義之經濟發展。在戒嚴時期政府與資本家有著相當的距離，以避免被批為官商勾結，這種現象與當初在大陸失敗的政策之檢討有關。然而這個現象在蔣氏政權結束後漸漸開始轉變。為了掌控政權，後繼者完全改變之前的運作方式，直接喊出了「政府的角色就是為資本家賺錢」，更是公開邀企業界餐敘或打高爾夫球，政府與資本家的關係開始改變，這個改變卻也造成了許多地方派系接連形成，政府與金權開始緊密的掛勾，甚至透過地方選舉後派系進入中央成為全國性的財團。此時國家機器仍像父親一般有無上的崇高地位，也以各種方式保護私人資本擴大利益。此時臺灣貧富差距日漸增大，原本的「農業」已經成為貧窮且落後的代表。

由此可知，1987 年後威權政治瓦解及社會運動崛起後，選舉不再只是單調的政見發表會及發送傳單，選舉活動花費越來越多，民眾已可積極參與選舉的各項活動，不必擔心白色恐怖下所衍生的政治迫害，整個選舉的形態產生改變。解嚴後選舉動員的力量儼然成為相當重要的事，民眾聚集的力量則成為對選舉人或黨最大的肯定，選舉時人脈及地緣因素常重於理念與政見，此部分的改變則使選舉漸漸成為地方派系與金權力量擴張的溫床。而選舉常訴求的「認同」總常是隱含著族群的挑撥與對立。以「本土的」意識來行排除異己之實，儘管不直接挑撥族群議題，

但卻都具有聯想空間，相關言論及文宣總是充滿強烈的挑釁與族群暗示。社會力量蓬勃發展後，政府雖被迫進行部分改革，但改革的步調祇是做某些非原則性的讓步（concession），而整體威權體制的形式並沒有大幅度的改變。新威權加上金權的結合，再度使臺灣社會型態改變造成地方派系崛起，雖然地方因派系滋長而分裂，在分裂的地域中，社區及地方意識卻吊詭的興起，人民透過另一種方式表達對政府的政策的反對及不滿。

二、社區／地方意識在逐漸分裂的時空中差異地興起

　　社區意識的出現與其社會狀況有關，社會結構的改變造成了分離的地域及差異的文化，卻意外給了地方意識興起的環境，人民需要一個可以表達意見跟政府嗆聲的地方，用以表現其對環境等議題的重視，市民社會社區意識與公共領域（public sphere）在這個特殊的時空下乍現。茲分別就分離的地域與差異隔閡的文化敘述如后：

1.分離的地域與差異隔閡的文化
　　八○年代以來，因執政者長期的政治社會經濟的運

作下，臺灣的社會狀況產生很大的差異與衝突，除了城市與鄉村的社會差異、貧富的階級擴大外，尚存有南北兩地域的偏見及藍綠的政治分隔。

(1)城與鄉的社會差異及貧與富的階級擴大

隨著臺灣社會工商業的急速發展，以及都市化和全球化的影響，不僅臺灣的稻農日漸被遺忘，農產品價格也長期低迷，臺灣鄉村和農業發展的現況和問題也漸漸乏人問津。長期以來城（北臺）鄉（南臺）的社會差異終於讓農民發出怒火，1988 年 520 農運，造成臺灣五十年來最大規模的流血衝突事件後，才又重新觸動大家對於稻農和農村發展的關注，在當時北臺（城市）與南臺（鄉村）早已經脫節。

另一方面，國家機器與資本家的親密結合的結果，也使得貧富差距越來越大，富者愈富，貧者愈貧。根據主計處的調查，最低前 20%所得家庭的可支配年所得僅 29.67 萬元，但最高所得組為 179.68 萬元兩者相距高達 6.04 倍。1981 年為 4.21 倍，1991 年為 4.97 倍，2000 年則暴增為 5.50 倍。故可得知，在威權時代有錢的人（資本家）並沒有權。蔣氏政權結束後原本具有財富的某些資本家也開始漸漸有了政治權力，透過一連串的運作，得到更多的利益，當然許多照顧貧困弱勢階層的政策就難以實施。規範政策遊說的法令實際執行成效不彰，不當政商勾結、利益輸送

及特權營私等嚴重影響公共政策決定的情形頻傳,可從後續爆發的重大財經掏空案件可得知,如新瑞都案、廣三炒股案、金融風暴及東帝士掏空案等可得知,而許多官商勾結的「黑金」案件許多官員或民意代表接連因而判刑入獄或逃亡。由此可知,當時政府與財團之利益關係,所產生的問題。在此利益關係架構下,臺灣貧富階級差異性擴大,形成另一種形式的分裂。

(2)南與北的地域偏見及藍與綠的政治分隔

八○年代受到工業化及全球化的影響,經濟上南北產業發生落差,北部是繁華的都市,南部則因農業衰敗後而一蹶不振,許多勞動者找不到工作,失業問題持續惡化,讓「永續就業」問題成為市井小民生活中最重要的事。長期的重北輕南政策也讓南部民眾極為不滿,從五一勞動節的失業勞工大遊行,到「反失業、救經濟、要工作」及「失業真恐怖」等活動,再再說明當時失業已成為勞工階層揮之不去的夢魘。以高雄港為例,據高雄港務局統計,高雄港在國際間的吞吐量排名 85 年至 88 年都是第三,僅次於香港及新加坡,89 至 90 年間被南韓釜山超越,91 年再被上海超過,92 年再被深圳超越。在政治方面,當初國民黨政權遷臺時,帶來了近百萬的大陸政治移民,短時間內使臺灣人口暴增。大部分外省籍人士大都擔任軍公教職務並集中居住於臺灣北部,就其空間分布而言,約有 3/5 的人

集中在城市，僅臺北就集中了超過一半的外省移民，已經超過 1932 年日本統治所設定的臺北市五十萬人的發展容量（已達六十萬人）。戰後臺灣的工作時勢爲大量的國家官僚與軍隊爲主的大陸外省移民，成爲集中於城市的外省族群，面對懷有敵意的廣大農村的情況。加上 228 事件造成的省籍情結及族群對立，潛意識中南臺與北臺互有敵意及偏見，加上工業化及全球化後北部迅速崛起，也因此發展出不同形式地域文化。這些經濟及政治的改變是傳統都市設計人口預測與推估方法的矩陣法(Matrix Methods)及世代生存法(The Cohort-survival Method)所無法推估的人口成長及改變。

由於南北長久以來既有的敵意及對立，在當時臺灣的政治社會情勢詭譎多變的同時，族群對立之勢已經澎湃洶湧，省籍情結在許多選舉活動漸漸被挑起。1993 年執政者收編了反對黨（民進黨）的「愛臺灣」論述，接連提出「四大族群」等論述，並且在其後的數年中得到各個主流政治力量的支持，「新臺灣人」論述後來成爲選舉的主要號召。爲了使國民黨政府取得統治的正當性，執政者所提出的「新臺灣人主義」在 1994 輔選省長選舉之後及 1998 輔選臺北市長時提出，1995 年 3 月 1 日當時的李登輝總統對國大演說：「新臺灣人主義」，這是一項不限時間先後和土地區分的概念，「不要再分本省人或外省人」，他認爲：臺灣過去

的成就是大家共同奮鬥的成績;「新臺灣人主義」也可以當成新的國家認定和共識的開始。他發現每次選舉仍有人拿省籍與族群當成手段和口號,因此「爲了民主必須拿掉(省籍情結),這也是大家共同的心聲」。「臺灣的住民有原住民,有四百年前來的、也有五十年前來的,包括金門和馬祖,應不限時間和土地,在政府的管轄下,所有民眾應有新臺灣人的共識,並在這一個概念下共同爲這塊土地打拚,愛這個地區,努力奮鬥,大家都是這塊土地共同的主人」。特別又說:「(新臺灣人主義)可以當成國家認定和共識的開始。……雖然臺灣過去曾發生一些不幸的事情,但現在應該要走出悲情,大家要走出去,告別過去的悲情。忘不了,沒關係,看前面就好。」綜合李登輝總統對於和解的立基與結論是:「新臺灣人主義」會是國家進步的起點,世紀的出發」。不但對內要重新團結,對外也要用這樣的心理走出去。1998 年 12 月 18 日(馬英九勝選後)接受日本讀賣新聞訪問:「日前(三合一)選舉的重點是立法委員選舉。(執政黨)國民黨得到過半數,(顯示)「穩健的改革」贏得選民的認同,對臺灣的定位取得共識。這也是認同本人提出的「新臺灣人主義」,全體人民藉此而團結一致,顯示臺灣的政黨政治已漸趨成熟,這次選舉的歷史意義就在此。臺北及高雄兩市長的選舉都是地方選舉,只能算是總統選舉的中途點」。 這種帶有臺灣國族想像的新臺

灣人定義順利在當時帶動了風潮,各黨派不斷跟進,1995
年 5 月開始兩岸緊張情勢升高及社會多元族群興起與新黨
的興起的挑戰下,國民黨政府的統治再度取得「正當性」。
表面上是融合各族群,而論述中卻也隱藏臺灣國族意識的
影子,其後發表「經營大臺灣」、「建立新中原」等主張至
後來發表的「兩國論」更加強調臺灣的主體性。

　　而臺灣南北社會結構(social structure)、教育程度
(educational attainment)、經濟發展(economic development)
及都市化(urbanization)程度所帶來的差異,在臺灣國族
意識被挑起後,南部因受「中國化」影響較淺,臺灣整體
南綠北藍的型態趨於明顯。臺灣在藍、綠政治人物的操作
下,人們不自覺地被導引至兩元對立的現況,被非藍即綠
的價值催眠,讓臺灣人民變成政治敏感不足,輕易地被政
治人物所動員操控。

　　戰後社會空間的轉變造成臺灣城市與鄉村的差異、貧
與富的階級擴大、南北的地域偏見及藍綠的政治分隔,空
間分裂中卻又凝聚了社區意識及地方意識,並在八〇年代
澎湃的發展開來。

2.市民社會社區意識與公共領域的乍現

　　八〇年代晚期以前,雖空間中有部分的「開放空間」,
或被稱為市民共同使用的空間,但普遍的有著嚴謹的集會

規則，執政者並對於突發性或集體性的行動或言論仍然據以監控。而公共建築也僅代表國家教化人民或彰顯德澤的工具，場所也都帶著強烈的國族意識。解嚴前後，雖曾短暫出現「公共領域」及「市民社會」理想，人們以社會運動方式表達意見，如 1980 年消費者保護運動、社區反污染自力救濟、1981 年環境與生態保育運動等等，然而在臺灣以政黨或省籍虛構的「民族」為優先認同的政治發展下，所謂的公共領域也只短暫的出現，漸漸的只淪為選舉的口號罷了。

臺灣在地方分裂的情形下，社區意識卻吊詭的興起。臺灣原本受到中國長期帝制的影響，文字裡面的「民間」一詞其實只是被「統治者的空間」，而空間內的活動大多只指「民間習俗」及「民間信仰」等等。臺灣在解嚴之後就出現一股有別與此的的觀念，主要的理論來自西方的「市民社會」或「公民社會」理想。民間企圖尋求一個可以發表意見的公共領域，然而在當時臺灣社會的基本性質尚未脫離中國長期帝制的社會傳統，加上長期的殖民及威權統治下，以西方國家社會觀點來看，儘可以說在「前公民（Pre-civil）社會」的階段，尚難構成一個具有自治能力或自主意識的社會共同體，雖有雛型產生，最後也容易在被國家機器所收編。

哈貝瑪斯提出「公共領域」的概念：「社會形成非威

權式的共識，需要一套獨特的制度，藉著溝通與討論所保証的平等與理性等條件，在多元之間產生共識。最重要的是，這裡所涉及的溝通討論，必需與操縱、脅迫、利害考量、道德感化、威權影響等方式有別；而容許溝通討論扮演相當角色的政治過程，也必須與衝突角力式的政黨競爭及擺陣式攤牌式的選民投票有別。」在歐美市民社會公共領域之建構，是臺灣傳統社會所未曾具備的經驗，臺灣傳統文化中所謂之公共領域，只是有一些所謂「亭仔腳」或「廟埕」的公共空間，但是這些公共空間現大多已消失，或者在邊陲地區殘存，取而代之的爲國家機器塑造的「運動中心」、「健康中心」、「公民會館」及「活動中心」等。所以在臺灣特殊的情況下要與操縱、脅迫、利害考量、道德感化及威權影響作切割確有困難，也就是公共領域難以眞正出現於臺灣社會的原因。

　　簡言之，在八〇年代以前，臺灣所謂的社區營造只僅於形式上的工程、衛生及教育改善等工作，民眾只有配合及瞭解並無太多參與及發表意見之權利，頂多就是參加所謂形式上的(村)里民大會。而在政治經濟發生轉變後，開始有中產階級爲主的社會組織(social organization)則選擇一些公共領域發表意見，在 1980 至 1992 年間更爲蓬勃發展，例如：無住屋者選擇在高價地段過夜表達訴求，部分團體選擇在威權象徵的中正紀念堂表達對政治的不滿

及民主的訴求，與原住民至北部大街訴求還我土地以表達長期被歧視的不滿等等活動。

3.嗆聲的地方：產業、生活需求下逐漸興起的地方意識

　　臺灣在開墾後，先後來到的各族群（指的是大陸移民）在耕地、商圈、共同防禦體系及祭祀圈的建立後，逐漸揚棄「祖籍地」的觀念，在臺灣重新整合成新的地方與族群意識。經過日本殖民統治後及戰後國民政府強大的大中國意識灌輸下，原有地方意識遭到壓抑，也讓臺灣人漸習慣被殖民，對執政者所做的決策並不敢有過多的意見。八○年代隨著政治解嚴及社會經濟的改變，許多產業面臨考驗，民眾漸漸感覺到國家政策對產業及自身的影響，在生活需求下終於不再沉默，臺灣社會地方意識被喚醒，精英也漸漸下鄉尋找可自我認同的空間需求，地方即成為精英發展的舞臺。在解嚴之前由於政治上的各種禁忌，這些地方工作者多數是暗中進行對國家政策的評論與批評。解嚴之後，從事類似工作的人士則紛紛以地方文史工作者自居。當時，文史工作自身的工作定位針對地方鄉土人文發展過程，將土地、社區及人的關係，以歷史記憶做串聯，同時配合時代潮流，對未來社區規劃理想的空間，對於破壞環境及鄉土人文的「建設」則以社區運動來表達其不滿與抗議，也就是向執政者嗆聲的地方。此時期在民眾強烈

對產業發展及地方的需求下，地方意識漸漸興起，展現出對「社區營造」詮譯的新方式。

在當時的環境中政治上正操弄著民粹，經濟發展造成了城鄉差距加大，許多傳統產業為了轉型找生路，逼迫民眾必須懂得要經費來求生存，漸漸演變成為地方意識的興起。

三、準後現代性脈絡下「社區營造」意義的轉變

臺灣的社經結構由戰後傳統農業社會轉至「以農養工」再至「由農轉工」，接續全球化的衝擊後，逐步瓦解鄉村社會，後期更逢政治上威權統治瓦解及新威權的操作，臺灣社會空間產生了分裂，隨著分裂的時空中社區意識弔軌的興起，也讓各階段的社造發生轉變，僅分述如下：

1.八〇、九〇年代以前社區營造狀況及意義簡述

戰後臺灣在經濟上是傳統的農業社會，政治上則是威權體制壓抑下的社會，後雖以「以農養工」再至「由農轉工」的政策造成部分城鄉移民及家庭結構的變化，但國家機器仍掌控著主導權，在此狀況下，社區營造難以發揚光大。有關「社區營造」相關名詞最早為「社區發展」，於

1955 年聯合國社會事務局出版之「社會進步經由社區發展」(Social Progress Through Community Development)之文件才風行於世,此文獻對社區發展的解釋如下:「是一種過程,即人民以自己的努力,與政府當局的配合一致,去改善社區的經濟、社會與文化環境。在此過程中,包括兩種基本要素,一為是由人民自己參加及創造,以努力改善其生活水準。二為政府以技術協助或其他服務,助其促進發揮更有效的自覺、自動、自發及自治」。在當時主要為接受當時擔任聯合國亞經會社區發展顧問張鴻鈞的提倡,身為世界邊陲的臺灣雖號稱實施地方自治,但僅侷限於形式上的民權選舉,當時中華民國尚未退出聯合國,必須積極服膺於美國即為西方自由民主陣營的意識形態(ideology),以爭取美國繼續將臺灣視為「自由中國」,且經費由聯合國支付,臺灣自應爭取是項資源。但在當時威權統治的環境下並不可能讓人民有自主性決策的機會。當時政府將利比特(R.Lippit)的「動」解釋為「動員」,社區居民的自動、自助、自發及自立(治)變成「配合」,甚至將社區發展解釋為反共致勝的利器,並指出各國推動社區發展,目的再求民權主義及民生主義之實現,使經濟發展、民生康樂促進社會的進步,共產主義及無從滲透,社區發展還是民國以來從根本救國工作之延續,是採用更新的方法實現孫中山之大同社會理想。此時期社區發展論述操控

在於國家，人民只有配合與接受，民眾對公共建設及事務並無參與及決策的權利，當時的政權得以藉由社區發展為藉口建立地方性政治組織以穩定政治結構，這也就是社區形式得以演化的動力，無論是「國民義務勞動」或「基層民生建設」，均以推動公共工程為工作重點，主要仍以政府為推動的主體，以實質的公共建設為工作重點，民眾並無過多參與的機位。從 1947 年將國民義務勞動列入臺灣省施政中心工作開始，至 1991 年第三次修訂社區發展工作綱要為止的半世紀期間。就時間而言，可分為國民義務勞動（1947-1976）、基層民生建設(1955-1965)、與後續的社區發展(1965-1991)三個時期。當時全國約有四千多個社區理事會，大概百分之九十七都為空虛的組織，沒有支薪的專業工作人員，大都是政府支薪的村里幹事、社工員或黨政機關人員所掛名兼任。

　　簡言之，八〇、九〇年代以前所執行的社區營造，屬於威權體制下的假社造，在農業社會尚可被接受，但面對社會空間的轉變已無法符合民眾的要求了，雖為如此該時期之發展型態卻成為後續社造運動出現之濫觴。

2.八〇、九〇年代社會空間轉變對既有社造的衝擊
　　原本「社區發展」的型態在臺灣社會空間受到全球化的衝擊及政治上威權統治瓦解及新威權的操作後，發生重

大轉變。政治上因冷戰結束美國對臺政策開始改變，美國不再支持臺灣為中國唯一代表，臺灣政權在現實上越來越難維持，必須要有更新的資源來維持其統治的正當性，也就給了「中華文化復興運動」發起的契機，也就是將大中華國族力量充分展現。從時間上來說，當時正是國民政府作為自由中國代表地位開始飄搖時所產生的運動，在臺灣作為中國的代表在現實上越來越難以維持的當時，中華人民共和國正好在 1966 年發起了文化大革命，於是讓國民政府找到維繫政權的新施力點，以中華傳統文化來肯定自己才是真正中國的代表，故在 1966 年 11 月 12 日在國父誕辰紀念日正式提出發起中華文化復興運動，對於大陸來說，整體文化在文化大革命出現了斷層，而臺灣則在同時將大中國文化發揮到極致。在當時，社區發展的精神倫理建設即是當時推動中華文化復興運動內的一環，正好順水推舟的推動。經濟方面則於 1974 年開始推動十大建設，後再招攬臺籍青年進入官僚系統中，藉以擴大其統治的民意基礎。然而這一切卻仍無法解決日常生活與理念上的差距，國家機器再也無法以社區服務的概念來處理社區事務及政治利益所造成的社會矛盾以及全球化造成的經濟衝擊，造成八○、九○年代各種類型的社會抗議及社區保衛的「社區營造」。社會空間轉變後，以鄰里為範圍而產生的抗爭動員開始增多，這些抗爭以鄰里為單元，借助居民日常生活

的網絡來動員鄰里團體，以達到環境改善或保護的目標。鄰里動員的訴求已不是抽象的意識型態或激進的政治問題，訴求的重點在於鄰里範圍內的公共設施改善或設置與都市環境品質。在此時的居民經過大量的城鄉移民及家庭結構變化後，對現有居住環境的關注顯著提高，一種新的地方意識逐漸興起。因為都市發展未做成長管理（growth management）及考量環境容受力（Carrying Capacity），造成都市土地使用過當，許多團體起而抗議政府與投機建商以黑箱作業方式進行不當開發，而將環境外部成本（external cost）轉嫁給居民造成生活環境水準降低。例如1988年臺北市慶城街居民反對臺電興建變電所，1989無住屋者團結聯盟抗議國家住宅政策，1990年南港山豬窟居民反對興建垃圾掩埋場，1993年芝山岩居民反對興建加油站等等。在此時原本以社區福利服務建設為主的社造已無法滿足民眾，取而代之為另一種型態的社造形式，也就是都市社區運動興起。主要是因為長期以來以經濟發展為主導的意識型態而導致了國家對區域及都市環境的忽視，進而加深了臺灣日益深化的都市與區域危機，這些抗爭運動造就了新的生活與地域的意識。

綜上所述，臺灣在長期威權統治下，政治經濟各方面的轉變造成了臺灣社會的疏離及分裂，在此情形下藍綠的政治分歧、貧富及城鄉差距的加大，原本社區發展形式逐

漸改變以社會運動為主體的社造，社區總體營造成為對抗全球化、保持地方文化及處理新威權操作產生的地方分裂的利器，人民要求改變的力量造成了社區營造的崛起，政府對經濟政治控制力漸失，在此社會空間轉變下，原本以社會福利建設為主的社區發展已無法符合民眾的需求。

3.八○、九○年代社區營造推動的新意義

　　然而在威權政治瓦解，接連而來的是另一種新威權政權，經濟上北臺（城市）快速的興起，南臺（鄉村）漸漸衰敗。在這種社會環境下，原本政府主導的以社會福利為主的「社造」已得不到民眾的支持，面對全球化及新威權產生的疏離及地方分裂問題，民眾以社會運動及抗爭將成為推動社造的新方式來對抗政府，其中文史工作團隊在社區運動中具有一定的重要性，此時地方團體以社會運動的形式改變原本以社會勞動及服務的社區總體營造，已成功掌控社區總體營造的主導權。一直要到 1989 年 9 月 28 日無住屋團結組織舉行百對佳偶的活動，一直到 1990 年三月學運抗爭後，國家的父權威權才逐漸退去威嚴的外衣。九○年野百合學運主要訴求，大學生提出解散國民大會、廢除臨時條款、召開國是會議及訂定政經改革時間表等建構民主制度訴求，學生團體在「大中至正」牌樓牆邊，發起絕食抗爭的運動，當時主要訴求是「停止政爭，和平救國」。

當時的教育部長毛高文帶來總統的親筆函，政府釋出善意，並未像過去驅離靜坐學生。幾天之後，終於得到總統正面回應，李登輝總統親自會見學生代表，回應學生的訴求與改革方案，終於在 1990 年 3 月 22 日，學生結束歷時150 個小時的抗爭。從此可知，當時國家機器已無法再用威權鎮壓方式處理反對意見，社會運動中的反對團體已掌握了民意及主導權。

臺灣戰後的社會空間的轉變造成社區及地方意識的興起，臺灣的社區實踐論述也在政治社會變動中產生改變，一方面延續了「社區發展」的基礎，並給予「社區營造」新的意義，將社造(社會運動)用來對抗全球化帶來的社會問題、新威權金權政治產生的疏離跟地方分裂及地方文化的破壞等問題，也是面對全球化的趨勢，地方興起了本土化(localization)的反彈。

綜上所述，八〇、九〇年代以前臺灣所施行的「社區發展」為主的社造，在政治威權的農業社會中並未發生大問題。八〇、九〇年代臺灣面對政治經濟及社會結構的改變，民眾自主團體以社會運動給予社造新的意義。

第參章　二十世紀末葉臺灣社造的推動
　　　　　　主體及論述

　　二十世紀末葉臺灣社區意識在社會空間改變後興起，民眾以社會運動的方式賦予社造新的意義，而此時新威權國家面對不斷興起的多元展現的社會群體，企圖以心靈改革等口號達到以認同政治操作社會意志的目的，本章節即在探討當時社會狀況、推動主體及其論述與新威權政府企圖重新掌握社造的新方法。

一、缺乏彈性的國家文化官僚　VS.多元展現的社會群體

　　國民黨政府撤退來臺後，爲鞏固其在臺政權的合理性

及維持一黨獨大的威權體制，透過政治、教育、文化、語言及大眾傳播等管道，迅速在臺灣建立起國民政府即為正統中國的意識形態。另一方面，執政者掌握國家機器之便，安排其政治追隨者進入職業與非職業的社會組織內，並由各級黨部組織負責實際的運作，隨即便佔據在社會中重要的組織性資源。在 228 事件後，為肅清異己展開一連串搜索和逮捕的現象持續到五〇年代。在當時全球反共聲浪高漲的時局中，國民政府順理成章的高舉「反攻大陸」的旗幟，舉凡思想、言論、結社、集會及文藝等各方面均擬定許多的法令規章，整體來說延續了在大陸時期的以黨治國，更表現出黨高於國的型態。文化上並無重視臺灣過去的歷史經驗，忽視臺灣的文化傳統，有系統、有計畫地抽離臺灣社會原有的文化主體。戰後出生的臺灣知識分子在此情況下，對臺灣原本的歷史、文學、語言產生了陌生化與疏離感，並且更為嚴重的是，對自己的母語與風俗習慣也產生了自卑。當然，長期在此社會狀態下，國家發展的中心多為國防及經濟，文化本就不是一個受到重視的領域，長久以來文化藝術機構不論公立或私立多屬一種單打獨鬥的狀態。整體來說，戰後至民國 55 年為確立三民主義文化方向時期，凡舉種種建設及施政方針，莫不以三民主義為最高指導原則，文化建設仍只淪為策略及政策宣導與政治教化的附庸角色地位而已。民國 55 年至民國 66 年為

推動文化復興運動時期，此時的指導方針爲中華文化復興運動並成立中華文化復興運動推行委員會，原成立之社教館數量增加，臺北高雄院轄市立社教館及新竹、彰化、臺南及臺東四所省立社教館、高雄金門及連江三所縣立社教館紛紛成立，本階段文化工作的重點，仍偏重在政令的宣導，尤其是反共抗俄的思想教育，此時雖有成立教育部文化局後因效果不彰而遭裁撤。民國 66 年至民國 71 年爲建立文化行政專門機構時期，蔣經國總統於進行十二項建設時加入文化建設，並設立文化中心，並通過「加強文化及育樂活動方案」及「推行文藝教育活動方案」並於民國 70 年成立文建會，在當時文建會成立時即被定位爲審議性機構而文化中心隸屬於教育體系，導致成果不彰。而在八〇年代臺灣在威權體制解體後，取而代之的爲一新威權國家，以國家爲中心的官僚體制並未因解嚴後發生變化，財經內閣配合黨政的關係仍然存在，當時多數人民對工業化產業的污染及文化資產的流失尚無法察覺，但另一方面，民眾則明顯感受到經濟成長所帶來的所得增加、生活條件改善等正面效果，當時政府對文化政策的擬定，大都遊走在國際經濟位置與民族主義意識上被動的提出回應。

國民政府遷臺後延續大陸的機關組織，主要爲來自德國大社會學家韋柏〈Max Weber〉的科層體制理論也就是一般說的「官僚政治」（Bureaucracy Theory），其創造了一

個號稱「合理性」機關組織體系論及其所具備的特性。韋柏的理論是指在法定權利觀念下的機關組織體系而言，其有幾種共同的特性：

(1)機關係根據依完整的法規制度而設立的一種組織型態，這種機關組織須有其確定的目標，並靠著這一完整的法規制度，組織和規範人員的行為，使其能夠循法規的途徑，有效的追求達到機關的目標。

(2)機關的組織型態，系一層及節制的組織體系，在這一組織體系內，按照地位的高低，規定人員間命令與服從的關係，除最高的領導者之外，機關內的每一個人僅有一位上司（One boss and one boss only），而且須嚴格服從上司的命令，接受上司的指揮，除服從上司的命令外，不能接受任何人的命令。由是機關組織方能達到指揮運如目的，提高工作效率。

(3)為了達到機關的目的所需做的各項職務，按照人員的專長做合理的分配，並且每位人員的工作範圍及其權責也須以法規明文予以規定。在這一明確的分工制度之下，人員的工作必趨向專門化，而這一職業專門化又必然促進人員的專業知識，進而提高行政效率。

(4)在這一依法規明文規定的組織體系中，人員的任何工作行為，必不折不扣的遵循法規規定，人員間工作關係往來接觸也不能脫離法規的限制。

（5）人員的選用係根據自由的合約關係，按照每一職位的工作需要，公開考選，合乎要求者則錄用，不合乎者淘汰，務求人員皆能運用其才智，克盡其義務，有效的推行其義務。

（6）人員的工作報酬也有明文規定。

在這個制度下，乍見頗為完善。但過分強調機關組織形式上的功能（Function of Formality），完全忽略人員間不拘形式的交互關係及其影響。過分重視成文的法規制度，認為一有了法規制度後，對於人為的工作行為才能獲得可靠性的保障。且此理論並非根據現實問題實際研究的結果而演變出來的理論，屬於理想型（ideal moeel）。科層制下各級首長故在此科層化制度下各機關形成僵化的情形。就官僚科層架構或是後來政府採購法的設計，精英化的傾向的確都賦予政務官一定的權利來行使決策。而文化發展機制的形成應該也不是在於官方能夠承擔，政府的體制設計和統治立場。政府的角色應為「管理者」而非歷史的先鋒或改革創發者。而在官僚架構發展下，政府總是逾越了本分。事實上解嚴後的技術官僚仍掌控著決策的權力。1952年劉培初所著的民眾運動的理論與方法點出了民眾運動的三大阻力為官僚主義、形式主義及事務主義，官僚主義最顯著的現象，是脫離群眾，離群架空，天大的事情只坐在辦公室的交椅上，批一個可或不可來決定，而形

式主義則只求圖表形式稿的富麗堂皇以壯觀瞻，內容要求一致整齊其他則不為重點，事務主義則為不顧政策，在事務範疇中兜圈子，藉由各種瑣細枝節之事影響各事項推動之時程。而官僚者亦常以師生或同僚作為可信賴的主管，不注重能力只要求學歷跟聽話，自然使得工作毫無效率。上下關係代表著權利的大小，大單位仗著上級單位的頭銜，欺壓下級單位，下級單位只有接受的義務少有反應及抗衡的權利，官字兩個口，越大的官做的指示自然越正確，如同頒發聖旨一般，有意見者則被認為對長官不敬罪大惡極。凡事給予一定的完成時間，逾時提報則將責任推給下面的單位，等候下屬前來求情或認錯，這種現象到現在一直在臺灣社會延續著。八〇、九〇年代的臺灣，政治解嚴後地方意識興起，多元化群體的社造運動，將挑戰臺灣長期以來一成不變缺乏彈性的官僚文化體制的阻力。

　　缺乏彈性的官僚文化在 1980 年代高度依賴金融資本的新國際分工體制下，面臨了挑戰。臺灣在調整其經濟發展策略的同時，城鄉移民的腳步也更加快速，並集中在北部都市，造成都市迅速擴張。另一方面，由於威權體制的鬆動，政權一方面必須釋放更多經濟利益來攏絡資本家，以維繫政權的合理及穩定。另一方面在臺灣邁向國際化的過程，自由市場機制加速利潤再生產的效率，從而給予財團充分運用經濟發展的契機投入房地產炒作。在當時失去

控制的都市大量擴張與炒作，不僅造成都市生活品質的急
遽惡化，更使得臺灣土地資源迅速耗竭，原有的都市土地
已無法滿足各類需求，已向都市邊緣地帶擴張，在此時長
期受壓抑的社會力量已經無法再忍耐，紛紛發出怒吼。在
1980 年代後的國家，面臨最大衝擊的就是來自外部民間社
會對其威權的挑戰，這種力量主要來自於 1970 年代末期出
現的政治反對運動及其新興的社會運動。此一民間社會力
量，在 1983 年後大量出現，也使得此時僵化及相信理性的
政府不得不檢討舊有的憲政架構與八部二會組織體制，但
在傳統科層化官僚體制下的文化政策仍無起色，藝文活動
區域嚴重失調，北高兩市在藝文活動佔極大的比例。相對
的，其他縣市所能分配到的藝文活動資源相當有限。在此
情形下，文化資產保存困難，民間藝人及團體未受官方重
視，一些非政治、非營利組織及其他社會群體進入社區形
成新的社會力量，逐漸成為公共領域上取代政府而能有效
匯集民間力量的積極組織。當時許多文史工作者對於過去
歷史有著強烈的情感與認同，對家鄉有著濃郁的鄉愁及深
刻記憶，文史工作對他們而言，是在多元思潮開放後的情
感的抒發，對情感的再建構，這不只是指一種改變威權建
構的主流文化價值的企圖，更是對於當時體制與社會所忽
略的歷史記憶深層連續性，所展開的確認行動。透過社會
運動的力量提供來自民間社會文化事業及創造文化開創性

的地方，快速的政治民主化與經濟自由化帶動民間社會多元需求激增，迫使政府不得不重新重視文化問題。政府的政治轉型雖然是由於 1980 年代的反對運動和社會運動促成，但是轉型的主導權仍在國家機器的控制下，民間期待和政府角色功能相衝突下，呈現出多元展現的社會群體對抗官僚體制下缺乏彈性的文化政策的情形，從 1980 年提出「現階段文化建設的作法」來看，官僚體制下的文化工作卻無法擺脫實質建設為主的原則。

綜上所述，長期威權統治下文化政策不受重視，缺乏彈性的官僚文化行政，使文化政策形式化當時所有的文化政策只能在體制規約及一定的政治環境考量下做決策，在社會結構改變的臺灣已漸無法符合民眾的需求，多元化的社會群體企圖對抗官僚的體制，重新建立多元而豐富的面貌，各地方文化社團的工作方向正具體地突顯地域特色，例如高雄的「柴山自然公園促進會」以宣導生態保育，抗拒石化業對環境的破壞為主；「美濃愛鄉協進會」不遺餘力的反對興建水庫以及鼓吹再生當地的煙樓；至於「滬尾文史工作室」和「赤崁文史工作室」則針對當地地方的歷史、地理與人文環境等進行保護與整理；加上 1988 年「還我母語」遊行的客家族群文化自覺運動，幾乎成為臺灣客家文化啟蒙再造運動等等。從這些例子也讓我們看到了一個從無到有的社區認同打造過程，新的意義在城市的角落升

起，有活力的鄰里凝聚關係逐漸形成。當一個地方面臨了共同的困境，或者隨著社區環境計畫的誘發，社區感或地方感則建立在社區改造一磚一瓦的成就感或社區環境破壞的傷痕之上，而長期以來社區也產生了變化，民眾在其中重新辨認出自己而成為人心凝聚的社區。

　　所有社會運動中，「無殼蝸牛」街頭運動，為相當重要的地位，這個活動幾乎影響到全臺灣。這次運動觸發了一群具有社會關懷傾向的建築、規劃以及其他相關空間專業者，於八十一年三月集體發起、成立了「專業者都市改革組織」（OURS），主要是以其專業技能協助居民解決社區與都市問題。一連串各種族群蓬勃發展的社會運動，最後迫使政府不得不重新思考長久以來的文化政策，文建會從「仰山文教基金會」與「文化環境工作室」1997年推動「全國社區總體營造博覽會」之後，出版了《1997全國社區總體營造博覽會紀事》，將臺灣民間力量投入在地文化工作的歷史，區分為幾個時期：

　　(1)「社會與環境抗爭時期」

　　約是 1986 年後社會運動及居民自力救濟抗爭行動，如新竹水源里社區居民反對李長榮化工污染事件開始興起的時期，也就是「綠色小組」成軍之時。

　　(2)「社區與地方文史工作醞釀期」

　　約在 1986 年之後，此時期民間文教基金會，如笨港

媽祖文教基金會、臺原藝術文化基金會及宜蘭仰山文教基金會等與地方文史工作室（滬尾文史工作室等）出現，社區居民自主從事社區空間改造，如臺北市福林社區居民參與河濱公園規劃的行動萌芽，民間嘗試以較成熟的形式組織社會力。

(3)「都市社區與鄉村社區意識萌芽期」

約 1991 年之後，除了在地文史工作室持續增加，城市社區居民介入社區議題，如理想國社區推動環保媽媽、臺北慶城社區反對住宅區變更為商業區及臺中精明一街居民自組管理委員會等，以及鄉村、部落社區運動的開始如美濃反水庫運動及重返舊好茶等等，社區意識廣泛滲入民間社會，而使得 1992-1993 年，成為 (4)「社區營造觀念形成時期」與 (5)「文建會地方與社區營造政策形成期」在這兩個階段，各地在地文化工作室紛紛成立，富歷史意涵及人情味的舊地名漸漸被挖掘出來作為工作室的名字，許多威權體制下認為不雅及不宜的地名，於此情形下再度重生，衍生起後續對歷史建築物保存的重現。

由博覽會紀事分期來看，可得知臺灣的社造運動就在政府官僚的文化政策（科層化體制）與多元社會群體社會運動（社會精英）拉据下蓬勃發展，「文建會與社區政策形成期」也就代表政治力對自主社造的影響，這兩種不同力量成為推動社造的主體，其後新威權政府以國家認同的政治

操作，企圖將自主的社會群體收歸體制內，國家機器重新獲得社造的主控權，卻也造成地方因兩種力量的拉鋸造成深刻的切割。

二、從「生命共同體」到「心靈改革」

新威權國家認同政治操作的社造意志貫徹及民主偏離 ── 政治對地方的深刻切割

「遷移到臺灣的同胞，因為必須面對資源的缺乏，必須和環境搏鬥，所以都具有開拓的精神，非常自我肯定。面對一個人人相當自我肯定的社會，要怎麼辦呢？<u>我認為就是要建立生命共同體的整體觀念，透過溝通、協調的方式，凝聚這個共同體的共識。……我們要努力建立一個全體認同的社會，建立一個生命共同體的共識，也就是為現在及未來的中國人開創一個嶄新的歷史開端。</u>」

── 李登輝總統就職三週年 19930520 記者會

就在多元社會市民社會的雛形正在臺灣社會浮現之際，一個全新的黨國機器的打造，已悄悄的展開。其編織各種新的政治論述來結合民間社會用以融合社會上對抗國

家的語言。1992年7月開始提出「生命共同體」治國理念，以「生命共同體」論述試圖建構社會層級化及人民同質化的民主圖像，以當時國家機器對於「生命共同體」論述的定位看來，社會的圖像在論述中被加以同質化及層級化。面對八〇年代以來出現的社會運動及治安惡化等社會問題，政權的情境定義，仍然受到傳統思想模式極大的影響。也就是教說文化與道德論述仍然流行著，藉由道統、秩序情結、政治道德化及由上而下的教化與藉思想、文化來解決問題的論述規則。這種論述的流行，在某種程度上，模糊了社會政治問題的性質，而這些問題有可能源自政權的統治結構與政策。這些論述一方面既做為共識以凝聚政權的內部，另一方面也具有爭取市民社會對其政治給予同意的作用。

在解嚴之後，舊有規範種種法令及約束瓦解，但新的制度又未能確立之下，國家機器面對了國家認同、省籍隔閡、法治基礎鬆動及社會價值混淆的危機。在這種背景下，提出「生命共同體」觀念，就是要「做為推動社會重建的奠基工作」。並在原有「修齊治平」，從個人、家庭推展到國家的層級中，加入「社區」的層級。試圖「從社區推展文化著手，藉由社區居民共同的鄉土關懷與共同參與的文化活動中，產生社區意識與社區共同體的概念，而由此再產生一個全民休戚與共的「生命共同體」。最終的目標仍是一

個井然有序的社會。執政核心將政治論述巧妙與社區連結，其後更以心靈改革論述爲主將生命共同體國族論述再昇華，「自由中國」漸漸轉爲臺灣國族爲主的方向前進。

　　「生命共同體」理念是心靈改革的目的與實踐，而社區則是心靈改革的源頭，是以社區式社會教育爲根源的「心靈改造工程」。1997 年李登輝總統在元旦祝詞中提出心靈改革的構想，其認爲第二階段的「臺灣經驗」則必須藉著心靈改革的推動，以建立一個精神文明與物質文明和諧發展的現代化國家。而「心靈改造工程」理念，以「人」爲起點，進行教育改革、行政革新、社會改造及文化提昇等施政措施，以期健全社會架構，彰顯社會公義，重建社會倫理。李登輝也向青年人表達心靈改革的重要，他認爲，過去臺灣處於白色恐怖時代，讓臺灣人忘記自己是主人，臺灣自由民主的制度雖已建立，但是人的心靈仍未改革，要讓臺灣人完全明瞭自己已經完全當家做主，可能還需要好幾代的時間。所謂心靈改革主要是確立臺灣國家的主體性，而進行教育與心靈的改革，因爲他認爲只有臺灣認同的確認，才能確定國家的未來的走向，使臺灣成爲「正常國家」，爲二十一世紀後的國家發展，規劃可長可久的藍圖。論述中將臺灣原本的大中國意識的文化政策徹底改變，李登輝關於何謂「臺灣人」，或者一種新臺灣人的想像，在這段話中已經浮出：「臺灣人是一種新的中國人，特別是

要靠自己的，是要求自我肯定的，可以通過溝通，化解歧異來建立一個以臺灣為優先、為主的共同體」。而其生命共同體的作法即以社區總體營造、心靈改革、修憲、國會全面普選、省主席開放選舉、之後推動總統直選及修改教科書（認識臺灣）等論述及政策來推動，主要的目的為讓國民黨繼續「領導」（統治）臺灣。另再以其「臺灣優先」等說詞，並強調以國家機器之力，致力於社區文化建設，強化臺灣意識予「生命共同體」的認同感，以區別以前的「中國認同」。以上這些作法，在在顯示國家機器移轉中國認同到臺灣國族認同上，重新建立新的國族─民眾（national-popular）的文化企圖。在意識形態方面，透過社區文化建設及「臺灣人」身分的構作，強化新威權國家意識，在人民權利方面，透過福利國家的政策，獲取人民對新國家的認同。生命共同體論述企圖將臺灣國族意識深植至人的靈魂中。在此之前，臺灣地位只是「中華民國」秋海棠地圖內的一個省，不斷興起的社會運動的年代，臺灣為主的輪廓越趨明顯，1979 年在臺灣地區主要依據的規劃體系為「臺灣地區」綜合開發計畫，1995 年擬定「國土」綜合開發計畫法草案，2000 年更變為「國土」計畫法草案，此時臺灣已不再是一個區域，以臺灣為主體的輪廓更為明顯，除與全球化國家輪廓漸淺背道而馳外，同時也企圖切割臺灣與大陸原同屬大中國的關係。

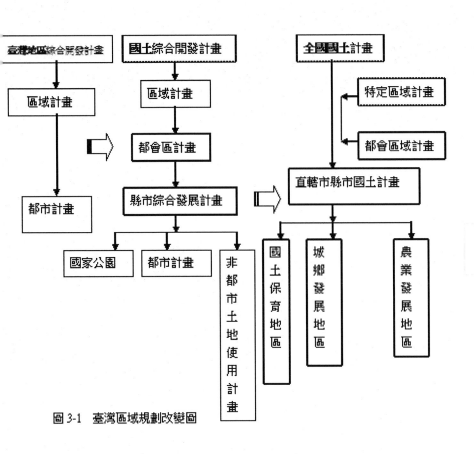

圖 3-1 臺灣區域規劃改變圖

　　國家機器以國族論述引入的社造與多元社會群體社
會運動中拉据，在政治目的的國族意識操作下，非但無法
凝聚社區反對地方造成深刻切割，破壞了原本地方派系的

組織，造成魅力消失，其做法為透過新港文教基金會與一些重要的文史工作室接觸，企圖使多數組織認同社區營造「制度化」的理念。當時仰山文化基金會對於政府推動社區營造「制度化」有著相當的地位，因陳其南先生曾任宜蘭仰山文教基金會執行長（1997－1998），而宜蘭經驗又得到李登輝總統的肯定，仰山自然成為陳其南先生進入文建會推動社造的重要推手。1992－1993 年間，文建會正式決定以「社區總體營造」這個名詞來統合這些新的觀念和操作方式，陳其南先生不斷遊走各文史工作室宣導社區總體營造「制度化」理念，除仰山文教基金會外更獲得幾個較具代表性的社區團體如新港文教基金會及八頭里仁協會等全力支持，在當時以社會變遷造成人與人的冷漠及對地方事務缺乏熱誠，在新移入的地方並未建立「共同體意識」為由，推動「社區總體營造」並加入土地認同。其社會重建的方式，大多主要將社區分成各種不同分工團體，不同的是這些團體分別為各個政府部門所轄，如老人團體福利則與社會單位有關，機能團體則歸屬消防機構有關聯等分類方式。除此之外新故鄉社區營造計畫，將活化鄉村組織列為首要，即先將社區組織化再予以歸類分工。當初文建會 1995 年所提出的社區總體營造理念中，政府的角色只是初期提供各種誘因和示範計畫、經驗的交流、技術的提供以及部分經費的支援，故獲得許多社區團體的支持。而 921

大地震時造成的地方災害卻也給如此類型的社造實踐的舞臺，藉著 921 災區重建的案例政府藉此大力宣傳新的社造的輝煌成果，新的社造就此陷入「創造」文化產業及地方社會重建的歷史困境中，其中又以新港經驗最為文建會所標榜及宣傳。陳其南先生曾經說過：「社區總體營造的經驗，新港經驗最值得參考。」然而新港文教基金會及新港的社區營造工作早在文建會提出社區營造理念前即成立及發展。國家機器將原本推動之成果並後期改善方案大量的宣傳，以標榜政策的成功。此時的社造作法可分為環境改善（博物館及文化館設計）、傳統文化的重生、老鎮新生及生態社區等。社造制度化使得社造原本需處理的疏離及地方分裂問題仍然無法解決，經費挹注及申請補助成為社區經營的指標或途徑，面對多樣的社區資源，以及不同的民俗風情，統一化標準化的作業程序來看待社區實在過於僵化。而「制度化」的結果已與「公民社會」所追求的民主偏離，而設立模範社區的結果，造成更多的社區爭相仿效，非但未能解決疏離及地方分裂的問題，更造成地方深刻的切割，除此之外政府的角色已漸漸的改變，漸漸由配角再度變成主角，重新回到官僚體制下掌控決策及主導權。雖政府極力宣揚社造制度化之成果，仍有少數來自地方底層的團體並未因政府政策所影響，所幸的是仍有少數未被影響的團體也讓社造重新燃起生機。

文化建設委員會對社區總體營造的定義如下：

社區總體營造是以社區共同體的存在和意識作爲前提和目標，藉著社區居民積極參與地方公共事務，凝聚社區意識，經由社區的自主能力，配合社區總體營造理念的推動，使各地方社區建立屬於自己的文化特色，也讓社區居民共同經營『產業文化化、文化產業化』、『文化事務發展』、『地方文化團體與組織運作』、『整體文化空間及重要公共設施的整合』及其他相關的文化活動等。如此，因社區民眾的自主與參與，使生活空間獲得美化，生活品質獲得提昇，文化、產業、經濟再行復興，原有的地景、地貌煥然一新，進而促使社區活力的再現。如此全面性、整體性的規劃與參與社區經營創造的過程，稱爲社區總體營造。

——行政院文化建設委員會 1995

依其論述分析，社造所營造的希望是不論是在城市或鄉村，生活環境、美學品味、社區秩序或是產業型態，都可以爲臺灣基層社區帶來一個全新的風貌。弔詭的是，早期的社區政策揭示，要透過民生主義基礎建設達到「改善民眾思想與習慣，成爲有組織的好市民」，被認爲「社區」往往只是行政體系發令指揮的對象，缺乏自發性的意識與能力，而解嚴後的新威權國家卻也企圖將社區營造制度化，使社造與民主漸漸偏離，深刻地政治動員的結果，反

而造成文化產業與地方社會的崩解，使地方陷入需重建文化產業及地方社會的困境中。

三、徘徊於文化產業與地方社會重建的歷史困境

　　二十世紀末葉面對全球化及新威權產生的疏離及地方分裂問題，民眾以新的「社造」方式對執政者提出抗議，在政府的操弄之下，雖然高舉了「生命共同體」與「心靈改革」之旗幟推動了所謂「制度化」的社區營造，在制式化跟科層制的雙重影響下，社造原需處理的疏離及地方分裂問題仍未解決。社區營造應為地方自治的一環，地方民眾以共同的意識聯繫社區，改善人與人的疏離，但政府所推動的社造其實是被深刻地政治動員的，因此反而造成了一種新的歷史困境。地方社會反而破碎了，地方的經濟也日益在衰敗之中，總的來說，臺灣的地方日益陷入一種必須同時去重建社會與活化產業的新困境。

　　國家機器處理的方式即為將文史工作者從主導者轉為提案者，將疏離及地方分裂問題歸咎於地方經濟不佳、地方魅力不足及環境品質低落等因素，其藉由「社區總體營造」之理念「創造」文化產業活化落後地方之經濟發展，在 921 大地震後，間接創造政府推動社造實踐的舞臺。

社區總體營造剛提出時，其實缺少有效的橫向溝通整合機制，分屬各部會的社造工作。至於社區營造總體面向的整合，等到政黨輪替後，參考 921 社區災後重建的經驗，於行政院組織「社區總體營造推動協調委員會」開始。由陳其南提出「社造百貨公司」的概念，但實際上在科層制下的政府各部分並不容易達到整合這件事，姑且不論政策的目的及想像空間，實質執行上即面臨了許多問題及考驗。

　　從上可知，「創造」文化產業漸漸成為社造的重點，然而「創造」文化產業並無法改變地方社會破碎的問題。從幾個案例來看，經文建會提出社區營造理念後，原本以社會運動關心環境的社造已經改變，例如美濃地區當初為反對興建水庫而興起，經政治力介入以產業聚集創造後，社造重點被改為保留地方特殊景觀，提升客家文化及菸草等經濟提升做法；雲林大廍原本只是旅外鄉親對地方的關懷，後竟演變為地方花生產業再興為主的社區營造，其他許多以老街保存為主體的社會運動，也漸漸轉變成經濟為主的商圈或商街。在桃園的大溪則推動全臺灣最早進行的社區建築師徵選活動，並要求有意願參與的建築師，首先必須與民眾進行溝通，接下來才能夠進入下一步競圖的階段，具體的課題則包括立面整修、管線地下化、騎樓鋪面改善及街道燈具更新等等，在實質的施工過程則要求定期舉辦工程協調會，並且由居民自主擔任監工的工作。但在

政治力介入後，歷史街坊再造協會的組織力量開始逐漸弱化，街區開始出現零星與地方無關的攤販、也逐漸開始有違規使用的情形，而販售的商品也往廉價與浮濫的方向發展等種種問題。

這類型以經濟取向來吸引原居住者返鄉經營為主的社造，常因過度的強調經濟發展，改變了社造的原意，社區經濟必須植基於社區，在社區內透過社區營造讓民眾對社區有共識，也願意對社區投入更多心力在社區自主運作的前提下，讓社區有經濟的維生能力。但經濟社區或產業為主的社區往往建構在經濟或產業上，即使經濟發達但缺乏社區營造的社區，因此鼓勵這些社區納入社造理念，這個作法通常是由經濟部門主政的經濟產業為主的發展導入社造理念，缺乏社區文化的形塑與教育社區居民的措施，形成偏經濟而忽略社區發展的人文建設。然而並非經濟取向不合適社區營造的發展，主要是過度的經濟建構卻常成為社區自主向心力發展的阻力，利益的誘惑常超越社區力量的約束力，更何況在國家機器引領下，以經濟利益來凝聚的社區亦常因經濟利益的消失或為謀取更高的利益而瓦解。這種歷史困境，主要徘徊在文化產業與地方社會重建之間，所幸來自底層非正式實踐的團體，給予社造新的生機。

四、來自地方底層非正式實踐的脫曳生機-環保運動

　　社會運動一開始以單一事件或地方性群聚方式出現，常未受到社會重視。在威權體制下甚至一度被冠上違法、暴民及不理性的形象。後來才逐漸形成全國性的運動，大多結合了地方人士或是政治人物。隨著人民及心理機制的改變，來自地方許多革命性運動不斷興起。國家機器漸漸被迫必須重視這個問題。政府企圖借以收編的方式營造新的社造論述，卻使社造徘徊在文化產業與地方社會重建的歷史困境中。所幸仍有少數來自地方底層的團體並未因政府政策所影響，環保運動及少數工作者，在激起社會急遽變遷中造就臺灣許多耀眼的火花。

　　環保運動即是較未受政府政策影響的一群，環保運動在臺灣社會運動中為相當重要的一環，臺灣在 60～70 年間政府施政重視的是經濟發展，大量的工業區與環境開發卻造成環境的破壞，當時許多民間團體體認到環境保育的重要性，期間發生許多工安事件造成環境污染及危害，這些事件使得環境保育觀念開始萌芽，環保團體快速成立，尤其在 1986 年「臺中縣公害防治協會」反三晃化工與「彰化縣反公害防治協會」的反杜邦設廠之後，幾乎平均每兩個月，就會有一個環保組織之出現。而這種趨勢一直仍在繼續中，使得 86 年與 87 年的環保運動，有快速的向下，向

地方擴散，以及彼此串連、資源互用的情形。回顧 1970
年代末期，臺灣各地已出現嚴重的污染公害問題。1980 年
代初期，一些地方性的反公害污染自力救濟行動逐漸展
開。在同時，一些環境工作學者、生態學者、社會學者、
作家及記者等知識工作者，連續發言形成一股新的論述，
而一些生態保育的呼籲及行動，也在此時發生。1985 年是
地方環境行動上豐收的一年，1986 年更是沸騰的一年。對
於日後環境運動擴散影響最大的，一般認為是鹿港的「反
杜邦」事件。威權體制此時喪失了鎮壓或者反動員的能力。
其他的一些大規模持續反公害自力救濟行動，如反五輕、
反六輕、圍堵李長榮及 1988 年 9 月的林園工業區民眾自力
救濟，環保運動團體不斷地衝撞舊有官僚體制，使得政府
也不得不重視環保。為了回應國內對環境保護和改善的要
求，政府於民國 76 年設立環境保護署。全國性的非營利環
保組織也正式成立，不但彼此間經常聯繫整合，環保運動
漸漸由受害居民的自力救濟，轉變為大眾生活的「公約」，
政府、企業無可避免的潮流，真正成了正統而主流的運動。
在 1988–1995 年間是大眾保育觀念開始實踐時期，環保意
識漸次擴散，成立了更多環保團體，1996 年賀伯颱風過
後，造成汐止及南港地區大淹水，山區「土石流」氾濫成
災，已造成居民的夢魘。九二一大地震鬆動地層結構，每
逢颱風豪雨便災情不斷。至於西南沿海地區及南部部分地

區地層下陷、海水倒灌、積水不退。對多數關心生態環境的人，期待最深的，或許是社區人士主動出來關心鄉土的生態環境。當環保的強力抗爭訴求疲軟時，地方上的有心人士，逐漸懂得採用其他創新方式表達訴求，這種現象一直到政黨輪替後仍未改變，從核四問題、溪洲部落及蘇花高興建案等，這些反對環境破壞的問題，一直在政府制度化外遊走，主要運動延續 1987 年以來的反核運動，1985年以來的反公害運動，1986 年以來的反污染性工廠興建運動，1970 年以來的生態保育運動、古蹟歷史建物的維護運動及對政府環境立法及教育的要求。政府雖然在 1987 年設置了環保署，各級政府也設置環保部門，並以環評審查來合理化政策的推動，卻仍無法得到環保團體真正的認同，這也就政府難以收編主導之因素，後續更因而通過環境教育法。

在政府轄龐大行政資源展開新的社造論述收編底層民間團體時，仍有許多團體不願被收編堅持用自己的方式來與缺乏彈性官僚的政府對抗，除環保運動外，少數社區以自己方式尋求共識，例如汐止市的夢想社區在社區營造這個名字對大部分的人都是陌生的時候，夢想社區就以街頭藝術號召社區居民完成夢想，臺中的理想國社區共同造街的計畫推動等，這些團體都展現地方自主的力量，也因此使的社造展露一線的生機。

社會運動爲基礎的自主社造興起後，面臨了臺灣長期以來的國家文化官僚的挑戰，兩種力量拉据之下，國家機器以「生命共同體」、「心靈改革」等國族認同論述政治操作，企圖收編地方自主力量，社造受到政治力的影響，無法發揮原有改善社會矛盾的功能，反而是社造陷入新的困境，所幸部分民間團體未受政府政策的影響，使社造發展保留一線曙光。

第肆章　二十世紀末葉臺灣社區營造的實踐技術及反省

　　二十世紀末葉臺灣社區營造在政府積極推動暗藏國族意識的社造下，將社造實踐制度化，雖當時引入西方的參與式論述，納入實踐體制中卻產生了改變，許多實踐技術沉溺於古董蒐集及文史調查，亦無法達到未制度化前社會動員之效果，許多活動的舉辦與地域性脫節，地方文化漸被廉價話甚至商品化，本章節即在探討「社區總體營造」推動後期實踐技術分析及反省。

一、乍露生機的「參與」論述及其納入體制的異化

　　社造的出現，人是主要的單元，人的參與才能使社造

的活動更有意義。美國的社區運動組織高手阿林斯基說：人只要覺得自己沒有力量去改變壞的情況，他就不會去想它；相反的，人一旦組織起來有了改變現況的力量，那麼一旦要去改變事情了，他們就會去想、去問怎樣做才能改變事情。從這裡我們可以清楚看到動員和組織的相互作用，動員了才能形成組織，有組織了會有更大的力量，就能更有效的動員。在國家機器主導的「社區總體營造」論述提出後不久，部分團體即看到了民眾參與的重要性，期望以公民參與社區設計來改變科層制引領下的社造。

　　相應於各種社會運動做為公民社會的浮現的表徵，社區認同與社區參與成為另一項歷史性的關鍵改革。一般認為，政府所提出的社造大概只在通告並徵詢及協調階段，實際的民眾參與有限。經常被臺灣社造界引用的是 1969 年 Arnstein 提出的民眾參與階梯(A Ladder of Citizen Participation)，其將參與分為八個層次，一般以達到完全參與的目標。社區參與的操作模式可追溯至六〇年代歐洲或美國市中心的再發展案（維吉尼亞洲的羅諾克 Roanoke 更新案）、自助住宅計畫、農村更新等，主要的社區特徵是這些人是這個社區環境的居住者及使用者，也就是解放空間建構的權力給空間使用者。根據 Arnstein 民眾參與階梯表來看，臺灣的社造為本位的規劃，強調配合市民的需要，為市民而規劃。民眾參與都市規劃的方式一般

有三種，民意調查、目標與政策的討論以及公聽會的舉辦。從這三種對於民眾參與的探討，我們不難發現臺灣地區現階段推動民眾參與的問題主要在於對「參與」(Participation)這個概念的內在意義與外在形式的紛亂不清，以致於只能接觸到的大多是 Arnstein 民眾參與階梯表中的「象徵性」的民眾參與，尚未達到所謂的「完全參與」的階段。而 1978 年 Eidsvik 提出的五種參與模式有下列五種：

(1)通告模式（Information Model）：此模式一般係指由政府做決定後，在通知民眾遵行，為傳統上最常使用之方法，民眾幾乎沒有參與之程度與機會可言，在威權時代常以公告告知民眾，由於並無發表意見的機會，漸成無意義的看板，鮮少人注意。

(2)說服模式（Persuasion Model）：是由政府直接進行計畫，民眾不參與計畫，計畫完成後再說服民眾接受並認定該計畫是正確可行的，臺灣在威權後期常以說明會的方式來呈現，通常均已成定局說明會仍具告知的意義。

(3)諮商模式（Consulation Model）：規劃單位先定規劃主題，再徵詢民眾意見而做決定。民眾參與的程度較前述二者強烈明顯，並於計畫政策較具影響力，制式化社造常排迴在說明模式及諮商模式之間。

(4)合夥模式（Partnership Model）：政府機構先說

明計畫性質和工作範圍內必須遵行與法律相關限制，在徵詢民眾的意見與合作，是一種公、私部門較能互相學習的方式，其精神類似現行的 BOT 案件。

(5)人民控制模式（Citizen Control Model）：由民眾做決定並完成計畫之擬定，再交由政府執行。這個模式是國外社造實踐常使用的模式，在臺灣，任何計畫並無法免除政府審查這一關。

在臺灣制式社會體制下，環境規劃設計的操作取向往往傾向於「經濟發展取向（City Development Incentive Approach）」及「美學取向（Artistic Approach）」，主要試著教導成就設計者的美學偏執或等向環境機能達成最大經濟效益得取向。在這樣的意識型態下，規劃設計的專業知識被無節制地放大，社區的居民反倒成為應被教導如何生活及使用空間的中性動物，這樣的參與方式並無實質的意義，更無公民參與所應有的功能。公部門本身的環境經理能力、從結構性到實質分工本就無彈性，這也使得在社區設置規劃師的功能不如預期。由下而上，其實幾乎流於於形式，環境改善的決策大抵仍然是官僚體系的控制，許多實踐上的問題因此而出現。

社造初期因參與論述並非受到重視的一環，一般公眾參與多只做到涉入（參加）階段，甚至許多案例仍只在告知(Informing)階段，造成施作後效果不彰。一般認為社造

除未落實參與外，有些專業者仍會因避免麻煩而對社區意見照單全收，部分案件執行亦有各自堅持溝通不良情形，文史工作室/團體 vs 社區發展協會、村里辦公室，專業工作團體(精英) vs 草根常意見分歧。再加上部分案例設計與參與過程分化，參與跟社區設計各不相關，使社造失去原意。執政者得知初期施作的社造並無法得到許多人民的認同，面對專業者的質疑執政者必須有所回應及改善，故將參與論述納入社區營造之重點，並邀相關團體擬定「參與式社區設計技術手冊」，依其程序來看，將整個社造分成地方參與、主辦團隊及支援團體，各團隊有其所應負責之工作，仍維持科層制的提案方式，只是強調「由下而上」的方式來表現對民眾的尊重。

參與論述在這時期發展到極致，國土計畫法草案及公共藝術設置辦法等亦將民眾參與機制的建立納入法規規劃中，臺灣在特殊的社會及政治結構下民眾對生活環境的參與感原本就較歐美、日本等國家來的低，分析「參與式設計」的實踐與執行，常出現了以下一些問題：

公聽會、說明會 = 參與

流於形式的公聽會及做設計說明的說明會，參與變參加，社區工作者變成補位的配角，公聽會及說明會僅淪為執行「標案」的一個形式或附件。

民眾參與變成民代參與

多常邀請地方著名人士、民代及里長提出願景，參與公民易受地方派系所影響，僅對設計進行背書，並常易造成政治力介入及利益掛勾。

訪談＝參與

多流於問卷抽樣訪談加上文史(田野)調查，再由簡化的分析結論歸納出設計結果，問卷結果多只用來強化設計的合理性，造成沉溺於部分事務未深刻發掘地方特色。

遊戲＝參與

常變成動員社區的動力的遊戲，然而遊戲的實質意義並未被居民所了解將遊戲視為人心的凝聚，許多民眾甚至於是為贈品而參加，部分實踐手法甚至形同民間賣藥的手法，而參與本身並不應有完成某種委託案之階段任務之因素。

統計＝參與

常以民粹的手段決定片面需求或以依估計統計百分比高低決定設計方向，多以統計學估計的原理加上檢定的驗證來的數據加強設計的合理性，並未深刻分析社區需要

及最佳方式，也未深刻觀察地方之特性。

活動＝參與

常淪為舉辦活動造勢的動員，活動本身又常與社區關聯性低。社區居民只是「參加」而非「參與」。

政府官員自己不參與

許多參與事項舉辦在平常時間民眾多無法配合，或辦在假日政府官員參加性低，參加官員甚至以上級長官姿態前來致詞，無法脫離官僚形象。

執行率＞參與

配合政府預算執行率，未充分溝通即草率完成，成為消耗預算的無意義政策。

參與 ≠ 永續

部分案例於規劃完成有初步成果，唯缺乏移交能力，專業者離開後一切回歸原點，社區並無後續經營的能力。

在美國，民間教會自治組織在社造通常扮演一定的角色。在社會急遽變動，社區組成缺乏穩定性的臺灣都會，在部分社運組織被制度化後，社造在太多政治力介入其中

的結果，規劃設計的過程往往並非重點，政府仍掌控著品質好壞的認定，作與否的決定，相形之下專業設計者意見並非完全受執政者尊重更何況是地方基層的聲音，多僅考量地方社造的過程中獲得適當的政治利益。當地居民參與的角色也僅在導覽解說的解說員或志工之類。在臺灣「由下而上」儼然成為神主牌，事實上由下而上並非為社造唯一的方式，所謂參與論述在臺灣推行時已產生異化。對政府推形制度化的社造並未有任何實質的幫助，而臺北市甚至訂定社區參與實施辦法，訂定提出之相關條件，社區營造案跟提出建照申請流程似乎大同小異，再加上評鑑制度下的需求與成就，參與論述納入臺灣社造論述內完全成為另一種事，「民眾參與」卻變成了「民眾背書」，除此之外部分的實踐技術沉溺於地方古董的蒐集以先入為主的觀念，侷限了社區發展的潛力。

二、沉溺於地方古董蒐集的文史調查

常用社區田野（文史）調查的方法：
■觀察及參與觀察法
■定點紀錄及追蹤紀錄法

■ 個別訪談或集體訪談法

■ 耆老或社區里民座談會法

■ 譜系調查法

■ 文物及文獻蒐集／文物資料與社區博物館

■ 影像及照相紀錄／老照片展與紀錄片

除參與式設計在納入社造論述後並無明顯改變制式化的社造外，專業設計者除一般的社區「問題」點的改善外，實踐技術常沉溺於地方古董蒐集的文史調查中，我們常見的社造執行第一步即為文史調查，常見的實踐手法為邀請一群民眾「參與」所謂的發現古董或古蹟遊戲，而文史調查也是社造申請補助的重要項目，也成為制式化社造交付地方文史團體的重要責任。

臺灣的古蹟保存運動大約是在 1970 年代中期，由於經濟發展與工業化所伴生的都市化與現代化過程對傳統建成環境之破壞，造成了知識分子與都市裡的文化精英的抗議而開始的。古蹟保存運動形成了社會與政治壓力，推動了 1982 年文化資產保存法的通過，以及 1984 年文化資產保存法的實施，開始了許多以歷史建築物為主的古蹟保存活動，在 921 地震後更促成文資法的修法，保存了許多歷史建築，也間接影響了社造的型態。許多產業發展後的地景，也受到國外棕地再發展計畫成果的影響寄望著改造再利用。在臺灣最為著名的為一系列的歷史

月 31 日成立「北投溫泉博物館」。北投溫泉博物館曾是國內第一個由社區民眾自發搶救下來的古蹟蛻變而成博物館的案例，原來被視為北投文化的象徵以及社區精神的體現，也是地方古董及古蹟蒐集的重要成功案例之一，但是近年來由於政府與社區對於博物館經營模式的意見僵持不下，館務陷於停頓，義工逐漸流失，博物館與社區關係漸漸分裂。雖然社區居民仍在努力尋找博物館日後的願景，事實上第一階段的社造實踐確實出現了問題。但北投溫泉博物館興起了臺灣一連串蒐集古董及建立社區博物館的風氣，2001 年配合「地方文化館計畫」的「一鄉一館」理想，許多案例在社造之初即進行文史調查，調查通常以古蹟及古董蒐集列為重點，並對文化館有著帶動商機的期望，先入為主的觀念下，社造成為成立社區博物館的雛型已經浮現，卻也因為在未深刻了解地方定位下，產生許多的蚊子館，即是短暫風光成立後也在無法永續經營下，每況愈下。

在制式化指導下的社造，將社造分成很多型態及切入點，並建立許多尋找社區魅力的「方法」，而以地方文化館類型的社造案為例，漸漸使社造沉溺於古董蒐集中。社區總體營造推動初期，政府相關部門不斷的引領與教導，不斷的舉辦培訓課程，教導社區如何組織運作，如何撰寫計

畫書及文史調查等等，整個臺灣社會陷入社區總體營造的遊戲規則裡，一窩蜂的執行著同一套作業系統規劃著與許多「明星社區」類似的方案。在實務的操作上及實際的營造中，社區自主組織所得到的見解與視野以及對事物的敏感度，都常超過固守在辦室裡的官員及外來的專業技術人員，公部門許多的限定與規則儼然成為社區窒礙難行的框架。公部門常像落伍而遲鈍的長輩，讓事情變得更加困難，這就是科層制下所出現的社造障礙。國家機器的往往是想把事情做到圓滿，但事實上，面對利益糾葛、權利金錢分配、財團牽制及績效的壓力等等，往往使得部門無法順利推動政策，社造要脫離政府框架去擴大民間的主體性或者批判政策並找出對策，乃至於群眾對社會的改造運動等，通常都會感受到一股莫名的阻力。這股阻力是推動「社區總體營造」初期的文史工作者所無法預料的，也絕對是有背於當初推動社區自主營造理念的暴力。社造的推動不應只是沉溺於古董蒐集的文史調查，或特定型態社區的複製，而是應該由地方的「空間性」(spatiality)深邃的了解地方的特質，除此之外社造運動的社會動員卻也在時間中面臨了無法克服的問題。

三、無法中介、調和社會矛盾的社會動員

臺灣經濟發展的社會過程之歷史，製造了嚴重的都市與區域空間矛盾。臺灣現存的特殊工業化過程是臺灣都市化矛盾之根源，臺灣都市矛盾並未因經濟發展而解決，因為兩者是同時發生的。過去有些研究因為第三世界國家經濟不發展，工業不發展，故會產生謂過度都市化(over-urbanization)的問題。然而，臺灣的發展情境卻是經濟及工業都發展了，但是都市的與區域的結構性矛盾卻並未解決。當改革的政策不敷人民需求，都市社會運動就會從底層起來挑戰官僚及制度化的規則，所以都市運動多是因都市危機及社會矛盾而動員的，然而這個運動在社造被國家機器所收編後漸漸失去原本動員的意義。

在民間熱衷參與下，社區營造從一個文化政策轉化成普遍性的全民文化運動。民眾目標在於建構市民社會及新的思考，期以社區為核心來營造生命共同體，透過民主化的過程，一方面推動社會培力（Empowerment），同時也創造解決先前社會困境的機制與介面。來自社區的自主表現要歸功於草根力量的茁壯與相關政策的鼓舞，兩者相乘才讓這項新的社會行動如此快速地拓展，並經營出初步的成績。然而制式化的的社造在文建會提出的社造參與大概只在通告並徵詢及協調階段，實際的民眾參與有限與自主社

會期望有極大落差。許多實踐技術沉溺於古董蒐集及文史調查成立，再把地方社會脫鉤的博物館公營或「交給」民眾經營，再加上許多活動的舉辦與地域性脫節，再多的社會動員亦無法達到未制度化前社會動員之效果，將無法實踐社造因應全球化興起之初中介及調節社會矛盾的功能。

除了活動動員外，還有臺灣特殊的政治動員，就在解嚴幾年後，臺灣的選舉文化開始改變，全世界很難找到像臺灣這種選舉文化，週期性的選舉夾雜著緊張、刺激及瘋狂，像嘉年華會一樣的政治動員成為必備的條件。然而，這樣的動員並無法寄望政客帶來環境等社會矛盾的改善，特別是選舉加入國族及族群對立的影子之後，選舉期間人身攻擊模糊了實質能力的焦點，經過選舉期的折磨之後，除國族對立的投票外，可能就是看那一方較令人無法忍受就投給對立的一方，以這種意識形態的動員的結果來看，並無法改善社會矛盾，甚至更加深人民的對立及疏離。

全球化所帶來的新秩序和社會予盾都指向一個共同的問題，那就是這些衝突和矛盾必須妥善處理和化解，否則將呈現所謂社會凝聚和整合的新極限和分歧。臺灣解嚴之後，不僅面對威權轉型的改革的壓力，也一方面受到全球化趨勢與資訊社會興起的交互衝擊，國家機關與民間社會的關係再造與調整也成為改革的重點。臺灣經驗的認同矛盾問題和環境論述爭議，其實在許多現代工業和多元民

主國家裡也都並不陌生，只是臺灣的國家認同形塑問題因為受到中國的外部干擾而益加複雜。多數規範衝突既來自民間社會的新的訴求，也應該要由民間社會來化解，因此民間社會既是繫鈴人，也該是解鈴人。

近年來，各界輿論常可聽到諸如「社會資本在流失，社會互動的信任基礎逐漸在瓦解，社會秩序與社會安全所依賴的規範在鬆動」等省思聲浪，政府也因為行政管理及施政作為無法獲得民眾的認同與支持而產生治理危機（crisis of governance），部分輿論甚至提醒執政當局應正視選舉所呈現的「北藍南綠」、「大肚溪成為南北政治版塊分界」之分裂投票取向，避免將臺灣社會「大斷裂」。儘管總體的大環境遭受很大衝擊，政府的治理危機依舊存在，政府與民間的「關係再造」必須依賴公私部門的合作，公私協力決不僅止於減輕政府部門的負擔。更在引進民間的活力、創新與競爭機制，改變政府部門科層制下消極「不行動」的體質。新公共管理之公共服務品質的提昇，更需要一種來自於公民社會第三部門、非營利組織。及志工與總體社會資本的聯結。在此觀念下社會資本與公民社會的概念逐漸產生了關聯，而社會資本與公民社會的關聯自然會對政府的角色與職能產生導向與轉換需求，都市矛盾透過社會運動的動員所形成的都市社會運動在政治方面的意涵是-都市社會運動關乎政治系統，以及經政治改革所關係

著的政策改變，改善了都市危機。透過社會運動之壓力對
政府的塑造而給予社會群體希望，與目標。社區總體營造
主要目的就是要面對這些問題，用社造達到中介及調節社
會矛盾的功能。

　　社造的推動必須廣泛而深入地方社會，讓實質空間的
營造成爲地方認同的打造活動，民眾參與並不等同與參
加，在制式化社造推動機制下，新社區論述被建構出來，
社造論述主要是環繞在國家、社區及文化，基本概念建構
在生命共同體的架構下，以社區意識來建構國族意識，社
區營造淪爲國家政策的策略。政治動員及有目的的基層經
營，使的動員失去意義，許多地方實質空間規劃的參與多
被說明會及座談會取代，除此之外並未有太多參與機會，
對於地方設計及特色並未有自主性，加上許多活動的舉辦
與地域性脫節，民眾只是「參加」活動，並未「參與」活
動，在此推動機制下，政府社造並無法達到中介、調和社
會矛盾的目的，社會動員大都未具自發性失去原本的意
義，加上許多與地域性脫節的活動舉辦，讓社造全球在地
化的精神無法實踐。

四、與地域性脫節的活動舉辦

　　面對全球化脈落下的地方競爭情勢，深刻的地域潛力挖掘是相當關鍵的事。因為，不管任何「地域」(LocAlity)想要推動文化的再造及打造現有社區美景，是否能掌握到地方潛力才是真正最為關鍵的事。在於臺灣社造的實踐活動的舉辦是相當重要的一環，在社造實踐技術上卻常因一些所謂的文化季活動的舉辦，造成社區更大的劫難，由於對地域性未深入的連結，這些活動因與地域性脫節，地方僅考量著吸引人潮，增加經濟，卻完全忽略活動與地域性的關聯，所有夜市文化充斥著整個活動，迷失於經濟效益與產值，僅以此做為評估活動效益的指標，那麼臺灣有許多能夠深化社區與文化內涵的活動根本無法存活。

　　臺灣的社造實行後因活動辦理並無法與社區聯結、在地方深根，讓節慶活動扎根在自己所在的社區，融入當地民眾生活當中，融入社區環境景觀、地方產業當中，故許多活動並非社區居民自主性辦理，最後只有將活動外包給公關公司執行，節慶活動自然是和地方是脫節的，民眾參與被侷限在參加活動而非參與活動規劃，參加活動的人多也並不代表活動成功。在英國早在 1980 年以後即有新的治理結構出現，即以治理（Governance）取代政府（Government）的傳統想法，轉而強調各政策領域係由多

元組織所構成的依賴網絡關係。英國學者 Rhodes、Marsh 等人所倡議的「權力互賴模式」，強調中央及地方各自掌握的資源都很有限，自必須依賴他方（如 QUANGO、企業、非營利組織以及自願性或自發性組織）的交易與合作。就政府而言，其政策的決定就必須考慮到他方的權力與利益之消長，而必須創造雙贏的互助合作關係。臺灣的社造活動舉辦模式未深植地方，未考量地域性，僅考量經濟效益，然而臺灣的節慶活動不僅只是一種可以提振經濟產值、觀光效益及轉化選票的政治計算而已，它更應涉及了文化內涵與社區深耕的長久意涵。然而在活動的辦理上，「複製化」太多，一樣性質的活動重複性高，「複製化」的問題，雖然活動名稱不一樣，但節目內容卻大同小異。如夏天全臺都在熱衷海洋音樂祭，光在夏季全臺這類的節慶活動有數十場，相互削弱活動吸引力及資源分配。而宜蘭童玩節的停辦及宜蘭三星蔥蒜節不成功的經驗，在當時的宜蘭縣長將其歸咎於「時空環境變遷、物價指數變動，影響民眾旅遊意願，讓的財務元氣大傷」加上中央政府又不給予經濟上的支持等……。事實上，許多人認為是童玩節早已失去了宜蘭味，吃食為主的節慶應該更有特色，居民更希望未來到宜蘭的旅客能更愛惜這塊土地，而不是只來當短短幾日的遊客。當多山河創造出來的「宜蘭經驗」，在全臺灣被抄襲複製後，許多人甚至認為有咖啡館+吊橋+步道=親水公

園，就可以叫「左岸」，就可成爲地方派系爭取縣市或中央經費的絕佳武器，但常常內容缺乏文化深度且未與社區結合，導致效果不彰的情形出現。另外近年當紅的桐花節活動，日本政府統治臺灣期間，因爲櫻花不易生長爲解思鄉之情廣植廣東油桐，在日本櫻花對他們的居民有著不同的感情，在臺灣卻將日本賞櫻節慶完全複製，試圖營造日本賞櫻之「花見」氛圍，然而在臺灣油桐到處可見，桐花節全國都在舉辦，而花與地方似乎並無太多關聯性，甚至活動還出現日本的產品，導致毫無地方性可言。所以問題應在於「創造」節慶的同時並未考量地域性的文化，各政府辦理節慶的本質就在於創造地方經濟價值，並未考量地方文化的永續性，當活動不在具有經濟利益的同時，當然沒有續辦的價值。地方上除此之外社造實踐將文化的廉價化與商品化也再度造成地方文化的浩劫。

五、文化的廉價化與商品化

文化是在人類在地方（空間）活動中所發展出來的，將影響到人類的行爲及價值觀，也會影響人類對於地方和空間的態度情感與想法，故文化會產生社會制約的模式或

習俗。文化伴隨著族群隨著時間變遷與地域特色，會各自形成其他地方性具獨特性的文化。

臺灣的文化經過「228 事件」、「白色恐怖」及「勵行節約，改善民俗」等政策，國民政府遷臺後臺灣地方傳統文化受到政治的干預而遭到壓抑。經過一連串的社會運動後，壓迫逐漸減緩。但面對現代化的各項娛樂型態及先進設備等影響，地方文化的重建不易，如何重建地方文化為重要的課題，在政府推動社造後地方文化卻逐漸的被廉價化及商品化。

沒有內涵的產業經營型態並無法長久，必須從文化層面去加持產業發展，使產業的特點被彰顯，才能提升產業發展的生命力。在深度旅遊中文化上的感性消費才能帶來精神的快樂。所以，「文化內涵」是產品中重要的成分，將文化內涵具體的轉化，套用在產品外在的表現形式，進一步創造文化價值的認同，與提高附加價值性，就是文化產業重要性之一。 在制式化且隱藏國族意識的社造推行下，文化=經濟=賺錢，文建會依據的是 Florida 提出創意資本理論（creative capital theory），創意人的聚集為地方帶來創意資本，而該地方需具有獨特性與吸引力，亦即地方品質（quality of place）：環境（人為與自然環境）、人物（各種人的互動與角色）及事件（各式活動與文化藝術），進而創造出有創意的生活與風格（lifestyle），成為

當代都市競爭力的優勢要件。許多案例在此理論下文化被商品化，許多廟會文化經過補助改以文化祭取代，卻在經濟考量下變成了夜市文化，這樣的文化與創意振興方案，很容易造成社會資源分配不公及預算排擠效應，民眾只參加而未參與，使很多社會問題失去解決的機會，它可能造成一個為了觀光客而重建的城市，而不是一個為了市民而重建的城市。

例如臺中大甲鎮瀾宮每年的媽祖繞境活動，在幾年前是遠離家鄉的人每年重逢聯繫情感的活動，每到此時嫁出去的女兒都會參加，除了宗教的意義外繞境仍代表著其他不同的意涵，在大甲媽祖國際觀光文化節出現後，活動內容加入街舞比賽、少林拳道協會武術表演、中東肚皮舞及霹靂布袋戲等毫無關聯的文化表演，為落實國際兩字，更加入烏蘭巴托國家馬戲特技團、菲律賓快樂家族特技團及日本國鳥取縣倉吉高校－和太鼓團隊等，活動漸漸變調，加上現代化「創意」商品，媽祖手錶、媽祖手機、媽祖公仔等，且通常商品採取委外經營商店的模式，常為獲利而無法兼顧商品本身深刻的意涵，原本屬於本地的特色卻在現代化的潮流下漸漸被淹沒。

透過深刻的文化考堀，地域的潛力才能被開顯，地域發展也方能擺脫以純粹的吃飲等作為主調的世俗化模式。地方競爭力的積累並不在於物產或吃食的直接推銷，而應

從社會文化的角度，美學與品味的意涵，進行地方整體性魅力潛質的尋找。透過「文化產業」的概念來發展地方產業，即以地方作為思考的出發點，基於地方的特色、地方的條件及地方的人才，甚至是地方的福祉作為優先的考量來發展，以地方自發或內在的動力潛力來思考地方未來的發展方向。

　　當社造推行在普遍未考量地域性的同時，文化被廉價化，文化跟商品跟食品等質化。如新竹市則以新竹地方景點等設計一系列的杯、月曆及杯墊等，以「城市行銷」的方式將文化轉化為商品。社造之所以大力推動文化商品，主要之目的在於發展地方的經濟，然而商品本身卻往往因為其銷售成績代表文化推展的成效。而銷售好的商品卻在各社區爭相仿效下失去了價值，使得產品越來越廉價，淪為夜市文化商品之一環。當多數社區處在永續經營即是要發展產業、增加收入，以藉此延續社區生命力的迷思中，一切的營造即會開始變調。而這個觀念似乎是依據福利經濟學的概念，要以經濟發展來達到社會每個人都是快樂的原則，實際上放在社區營造理論中，並不是如此的恰當。雖政府推動社造仍產生了許多問題，但仍有少數案例讓我們看到了生機。

六、來自少數案例的生機

　　雖然國家機器企圖制度化代替原本由社區自主發展的社造運動，許多自主團體仍未配合堅持用自己的方式走自己的路也得到良好的效果，在日本電影扶桑花女孩中，看到了礦區人民面對日漸凋零的礦業，自主自發的規劃社區的未來，描述 1965 年代即將沒落的日本東北常磐礦村，決定興建夏威夷度假村來振興經濟，四處招募當地礦工的女兒們擔任度假村中表演的草裙舞女郎，還從東京重金禮聘舞蹈老師前來上課。儘管這項計畫遭到保守村民的反對，但在老師及女孩們的堅持下，最後終於成功地在寒冷北國創造出夏威夷奇蹟。雖然過程艱辛，卻也得到令人滿意的結果。在臺灣的山美部落也有著同樣的精神。

　　位於嘉義縣阿里山區的山美村是一處鄒族部落，自古以來以豐富山林與溪谷的資源自給自足。受到工業化及全球化的影響後，部落經濟瓦解，山美社區因交通不便及農業生產力不足，年輕人口嚴重外流。在民國六十年代末，阿里山公路開挖，高山茶成為公路沿線的新寵，山美人便受雇於平地茶農，協助其揹肥料、採茶、製茶、除草及當雜工。然而帶來便利的公路，也引進了扼殺生態的殺手。開挖公路亂倒的土方和濫闢的高山茶園，嚴重影響水土保持，加上開路工人以炸藥隨興的在達娜伊谷(Tanayiku)溪

炸魚、毒魚及電魚，不到十年間，曾是鄒族聖地的達娜伊谷溪，已是慘不忍睹，令當地居民對生長地方的破壞感到十分痛苦。

早在七〇年代的臺灣，生態保育的觀念已漸漸萌芽，原本是鄒族傳統漁獵場的達那伊谷溪，卻一再受到現代化的破壞，但在當時經濟取向的臺灣如何復育一條河川，還沒有成功實踐的前例。當時的村長高正勝及部落幹部決定，逐一拜訪部落長老，耐心的與他們徹夜長談。先跟他們談部落的信仰、談鄒族的過去的神話、談達娜伊谷過去的美好及談山美部落面臨的困境，「一步一步，喚回長老們的感情」，經過苦口婆心的一一勸服，終於獲得五大氏族的同意。一紙全臺灣首創的河川自治公約在這時誕生，公約中明定：達娜伊谷是山美村全民共有的財產；拒絕政府任意委由財團投資開發；十五歲至五十歲的山美人，有義務保衛達娜伊谷這個美麗的地方。84 年一百多位山美村民歡欣爲臺灣第一座民間自主推動的「達娜伊谷自然生態公園」揭幕及對外開放，社區居民的美麗夢想，終於初步實現。他們除酌收清潔費以作爲維護環境之用外，也考慮溪中生態的平衡，在雨季和魚類繁殖期開放曾文溪供釣客垂釣，並提供魚苗賣給養殖業者。豐厚的收入成就了社區福利、文化承傳和農業改造的基金，舉凡老人安養、學生獎助學金、急難救助、結婚補助及生育補助，這些都是從社區自

主觀光收入來支付的。「如果我們善待達娜伊谷，達娜伊谷將會反哺我們。」，推動人對部落族人的承諾，終於被印證了。這是社區完全自主的案例，社區民眾自己規劃自己的未來，也成功達到理想，更因此聯繫了鄰里的情感，這就社造成功的案例，社區營造的實踐在長期被歧視的原住民族完美的呈現，難怪許多人說臺灣最特別的就是原住民的價值觀，所以即使面臨八八風災的重創，也能利用社區的力量而重建。

　　這個案例之所以成功，在於居民自主尋覓地方在現代化衝擊下地方的魅力，以修護的方式發展深度旅遊魅力空間，地方認同的重構及人與環境的重構，深入而貼近社區活力的在地動員，成功營造屬於自己的環境，現在山美部落要做的是如何維護及永續發展，惟有深入地方改造軟體才能得到真正的成功，這個案例自然也成為臺灣許多社造地區爭相仿效的案例，但是在制式化的推動下卻未能進入真的人的改造及聯繫，太過著重於經濟發展為前提。事實上，鄉村及其他非都市地區並非附屬於都市的地區，並非僅侷限在提供都市地區民眾觀光旅遊之功能，未能了解社區特色下，社造只會漸漸失去了原意。居民在社區這個文化圈裡的角色，也應該更積極更主動才能建立起自己的社區文化特色，否則社區營造政策下的個別民眾，只是被政府救濟或餵食文化大餐的消費者，離文化生活的品質甚遠。

以政府爲論述主體的社造，在民間專業團體的反省下，加強參與論述的納入體制，使社造乍露生機，但在官僚及科層制的影響下，參與制度產生異化，趨於形式化，此時社造制度化的發展到了極致，許多教戰守則及手冊漸漸出現，使得實踐方法出現了問題，無法達到原始「社造」出現時期望解決社會問題及矛盾的功能，所幸仍有部分未配合收編的團體，仍以自主的方式完成社區的夢想，使自主性的社造仍有實踐的舞臺，雖同樣是以聚集產業（agglomeration）引入經濟及商業活動，在自主社區的基礎中，卻有著不同實踐的意義。

第五章　二十世紀末葉臺灣社區營造的社會——空間論述及想像

　　政府積極推動暗藏國族意識的社造下，其對社會空間有著異化的市民社會的想像，其論述中對家庭想像是模糊的，在認同政治推動下地方的設計是均質及扁平的，企圖營造國族爲基礎的威權新社會與秩序空間，對於文化產品卻有著以現代化工業化爲品質象徵的進步想像，因此造成地方文化的異化，所營造的空間與社會漸行漸遠。對本章節即在探討「社區總體營造」推動後其空間論述及其想像。

一、一度浮現的自足地方與市民理想社會（來自西方「地域－公社」傳統的空間想像）

　　社會即是在群體基礎上建立起來的組織與關係，在社會結構受全球化及現代化影響下，公民社會力量伴隨著社會運動一度浮現，民眾向國家爭取對社區的自主權，但在文建會社造論述的「公民社會」想像並非僅是一個社會構造，而是具有著空間向度的意涵，其所想像的公民社會空間其實是井然有序的，其希望建構「辯護式規劃」及「民眾參與」等方式，達到其理想中的社會。

　　1962 年哈伯瑪斯在《公共領域結構的變遷》中提出「市民社會」配合布爾喬亞公共領域的模型，將市民社會與公共領域區分開來。當時他提出的市民社會只具有經濟的性質；不同於一般市民社會中，除了經濟性質，還包含各種自願性組織社團企圖影響公共決策的程序，而具有政治的功能。但是後期哈伯瑪斯又重新修正了他的市民社會概念，也就是包括了自願性組織社團和逐漸重視市民社會的地位。 從西方市民社會的理論中，也看出了經濟領域、公共領域及家庭領域的重要性。

　　西方國家成熟的公民社會中的經濟意義傳統其實是促成國家機器推展法治理念的基礎。所謂法治理念的建立，必須有其重要的社會基礎，否則只是類似於商業行為

中的供給與需求之間的關係。在市民社會的意義方面，將其界定爲獨立於國家控管之外，能夠自我建構與自我調整的社會生活領域，並認爲市民社會是由密集並多元的志願結社所建構成的網絡。「公民社會」中的「社會結構」在發揮其功能的過程之中，並不是單純地作爲「家庭」與「國家」之間的過渡爲主。事實上「公民社會」在「國家法治」建設的過程之中，正是突顯其「社會意義」的地位。因此，先有經濟的公民自主才有眞正法治理念的推行，然而在臺灣的「公民社會」論中已經先行預設臺灣社會已經達到「經濟公民權」及「政治公民權」，現在只剩下「文化公民權」需要「建立」，政府面對全球化所產生的社會矛盾及中產階級精英對「公民社會」的想像，企圖用「文化」來解決社會問題，實際上「公民社會」並不局限於「文化公民權」，到頭來「文化公民權」僅是政府用以回應中產階級的口號罷了。

執行社區營造的主要單位文建會，常推崇日本社造的經驗。而早期克魯泡特金（Peter Kropotkin）等的地方公社的無政府主義主張、以及十九世紀末 Jan Addams 深入貧民區的「社區改良運動」等論述影響了日本的社造。克魯泡特金認爲所謂的權利正在妨礙人類文明的「新陳代謝」。其無政府的「契約」概念與「自由契約」，認爲這是一種社會構成的基本協議自由契約與自由合作，無政府主義者是

以公共譴責的力量達到對人類行為的約束。如果社區成員有共同生活和團結一致的認知，它就會產生一種類似公權力的約束力，這種公權力並不是指政府的權利。而是社區成員共同意志所構成的一種共同遵守的規定。其後貝克(Ulich Beck)強調全球化的多面向作用將使得「世界社會」的形成，人與人之間的頻密交流自然成為自由合作，則不需以「契約」來約束。分析整體論述目的在於反資本主義(Anit-Capitalism)，不以政府體制作為重心，是強調市民為主的社會，其認為政府的存在是保障既得利益者的具體制度，並認為法律阻撓人類的倫理道德層面。這些理論皆影響了日本社造發展，自力負擔風險的振興地域經濟及社區發展營造公社漸漸興起，46年前日本同樣以社會運動的方式啟動了社區營造，並於全國展開，至今包括行政、法制及居民皆已形成一系列的社會模式。而臺灣的文建會接收日本的經驗與知識，理解了國外的社造經驗及市民社會想像，卻以先由政府引導推動的方式將其改造，當政府主導模式一但成形制式化，就難再有自主性的出現，整體來說以西方論述來說社造運動應該是民眾主導，必要時政府參與給予協助，而現在整個論述就像個拼裝車般把它拼成一個獨特的知識，產生了嚴重的傳播落差。

公民社會在於其他先進國家是地方弱勢團體為公眾利益對抗政府的論述，「公民社會」指市民自發組織或參加

的非官方、非營利團體或活動，例如康樂文化、體育、專業、勞工、社會服務、宗教、論政、人權、地區組織、互助委員會、宗親會及商會等，而在臺灣實踐上卻常出現了不同的解釋。在文建會當時提出的公民社會論述中，社會與國家並非爲對抗的關係，而是屬於合作的關係，事實上「配合」的關係大於「合作」，在其論述中，表面上希望社會力量大於政權，民眾參與大過政策實施，但事實上並非如此！目前文建會最希望提高文化部門的影響力，借由文化政策來影響社會的「認同」，而用民眾參與來突顯執政者的「民主」，實際上社會仍然受到政權的擺佈，民眾參與也流於形式，主導權仍在執政者手中，社會與政權也在論述與實際相左的關係中發展。

在文建會極力推動的「社區整體營造」政策中多以「永續發展」做爲目標，借由尋找地方「特色」成爲發展經濟的基礎，希望在政府的「輔導」下，可達到一鄉鎮一特色的目標，利用環境創造經濟，將可解決老舊社區人口外移的問題，借由社造達到經濟自給自足的社會，此一社會有著政治的自主權、經濟文化的自主權，然而許多社區「建立」的特色太過膚淺，在經濟考量過多及缺乏「眞實的」經驗或動人事件以及個體與社區的認同感、安全感與關懷，其結果造成許多外來投資客的進駐，反倒是更多在地人相繼離開，社區完全被「改造」，變成發展經濟爲主的貪

婪社會，有些團體進入社區卻變成營造自己的組織，既無社區自主的參與及共識，當地居民淪爲一般性的社會服務工作，當然「永續發展」也在缺乏「特色」下漸漸的失去。

在社造論述的公民社會想像中，期待創造出自給自足的社會，政府想藉由「公民認同」達到其政治目的，社區是其絕佳的舞台，也是臺灣國族的發源地。其後不但繼續延續「社造」更在 94 年 2 月 26 日提出「新社區六星計畫」，計畫中社造不再只是文化部門及建設部門推動，已經成爲所有部會的共同目標，將社區營造制度化政策再昇華。因此，社造只是政府對空間改造的一種手段。根據傅寇（Michel Foucault）的空間權力分析，空間乃權力、知識等 discourse 轉化成實際權力關係之處，先知的預見了臺灣社會空間如何與經濟、政治或制度交織成在一起。而國家機器最終的公民社會想像，是個「認同臺灣」的社會，希望藉由本土性認同建立臺灣國族想像，找尋出閩南、客家、外省及原住民族群都認同的區塊，另一方面在政治面與對岸區別，面對全球化帶給地方的衝擊，則以自給自足的文化產業發展，來提升經濟面競爭力，用以符合北臺與南臺兩種勢力的需求。原本社造初期一度浮現的公民社會力量，但政府的介入引導下，民間自主團體自主性反而漸漸消失。

自主性的社區組織之浮現一般被認爲是公民社會發

展的表徵，在「社區總體營造」提出後雖然形成了風潮，不同的是帶動者成了政府部門，如火如荼紛紛開創社區營造方案。但是這些方案如果沒有細緻的將實施目的確認，不但不會走向社區總體營造的理想及公民社會的發展，反而是它的反向，成為國家宰制社區的實現。有些部會的社區化方案僅重視量化或具體可見的成果，而根本無視於社區營造中人與社會關係的動力。因此對於方案的執行便僵化地以數量管制，將承辦的民間(社區)組織視同其下屬單位一般要求。如此正是以社區化方案將基層社區完全編入國家宰制的作為。

在文建會的「公民社會」空間必須利用「社造」來完成，也就是利用「社造」來「營造」公民社會的空間與環境，靠「環境」再造創造自己自足的公民經濟，再將環境融入「在地的土地認同文化」，創造本土性認同建立臺灣國族的社會。而公民有選舉權或被選舉權就被文建會認為「政治公民權」已經達到，然而以西方國家所認知的公民社會並沒有所謂「文化公民權」建立的問題，更沒有「認同」的問題，「公民社會」論述在臺灣因為政治變了調，「公民社會」想像經過臺灣特殊的政治抄作下以「文化」回應了北臺精英的中產階級，而其所謂的「公民社會」事實上只是個口號，其真正想達到的則是「臺灣國族意識」的實現。

二、模糊的家庭想像

　　在社會結構中家庭是基本的組織，在全球化及工業化的影響下瓦解了農村與山地文化，大批的人口移到都市邊緣與底層，漸漸開始失去與土地的聯繫。此時大家庭結構也在轉變中發生結構鬆動的現象，逐漸變為核心家庭結構，親屬間連結較低，往來也不頻繁，傳統家庭價值觀逐漸瓦解，大家庭制度已逐漸被小家庭或改良式家庭取代，卻無法與新的經濟都市建立起新的聯繫，社區漸漸失落。文建會「公民社會」所想像的社會，是以人為核心界定社區範疇，但對於家庭的想像是模糊的。然而，家庭為社區的重要一環，如何重建小家庭的內部的參與並未詳細考量，似乎並未打破傳統家庭所畫出無法穿越的大框框。社造論述社區內的家庭想像是具有菁英貴族的美感的家庭，家庭內必須有一定的「品質」，是一種小家庭式的，至少為三房一廳的格局，年輕人在社區創業，老年人參加社區活動及社區大學教育，兒童則運用社區保母、幼兒托育系統及課後照顧等得到良好照顧，因此，在其理想中的家庭在於「現代化」具有貴族美感的三代同堂空間，這是從後期提出的六星計畫內容所做的分析。

　　社造最後改變的是每個人與家庭的生活，但是社區總體營造的論述對家庭的想像卻是模糊的從社造發展的軌跡

與脈落來探討其主要論述。行政院文化建設委員會在 1999 年出版的《臺灣社區總體營造的軌跡》一書，舉出了社區總體營造政策的脈絡，包括了以下七個方面。

1. 政經發展的問題：戰後的臺灣在嚴密的國家行政領導及專業技術官僚進行的經濟發展，民眾只是被動地跟從，以致「物質豐富的同時卻是精神生活與群體生活層面上的無力與失焦。」。

2. 居住品質與空間議題：工業發展造成的環境破壞，快速都市化造成生活品質惡劣及住民缺乏共同體觀念，都市計畫未充分尊重居民意見…。」

3. 傳統產業面對的衝擊：需要有別於過去的加強農業科技以提高產量或補貼獎勵的方式，農村地貌與環境品質，地方特色與人口的流失都亟待新的出路。

4. 社會運動與民間意識的覺醒：七〇年代開始的社會運動向過去既有的體制與價值觀念進行挑戰。其中關於環境的議題無可避免地落到社區層次。

5. 過去社區政策的不足：早期的社區政策中，社區民眾僅

是被動員的對象。

6.社區共同體意識：如何透過社區總體營造的推動來建立
一個現代的「公民社會」，一直是這整個理念和政策背
後的主要理想與認知。開放社區公共領域，最能深化社
區參與，使居民本身在公共領域中分享資源及決策權，
從社區意識，健全現代社會的民主基層細胞，鞏固民主
最紮實的基礎。

7.社區總體營造理念的提出：申學庸女士於 1993 年 10 月
20 日在中國國民黨中常會上報告的「文化建設與社會倫
理的重建」如今已成了臺灣社區總體營造的「宣言」。
在這一篇「宣言」中，埋下了以社區總體營造做為一個
文化策略，以「落實對於社區意識及社區倫理的重建工
作。」並進一步對治(重建)上述各點臺灣戰後社會發展
過程中的問題。1994 年 10 月 3 日「社區總體營造」一
詞正式在申學庸於立法院作施政報告中出現。

　　重新整理上述的社區營造論述提出的「脈絡」，其實
包含了社區總體營造政策所要面對的是兩類的議題。一種
議題是當前社區的實質生活品質低劣的問題，包括產業經
濟、空間環境等，另一類議題則是公民社會發展的問題。
這兩者在臺灣過去的社會發展中交互影響，專技官僚主宰

各項建設，基層社區缺乏參與決策的機會，被動地接受各種決策，犧牲了生活的品質。社區總體營造雖然在工作項目上包含了社區生活的各面向，而公民社會的發展更是社區生活品質的關鍵。在社造初期之社造論述並未對家庭有深入的見解，只是對社會運動的出現作檢討，結論是社區建設未能「參與」，生活「品質」低劣（因為城鄉差距），所謂品質的低劣主要是都市化造成的髒亂現象，二為農村及其他地區無法生活的問題，雖反省技術官僚主宰整個建設的體制而喊出權利下放，事實上所謂的權力下放也只止於形式上。當因全球化及工業化造成的結構轉變並未僅在於社區及社會，家庭在全球化的影響下由大家庭逐漸改變為小家庭或核心家庭，鄉村的家消失了，才造成鄰里的結構被打碎，在之前從傳統歌曲常出現的成功回到故鄉，已漸漸改變，新移民在都市生根。然而在社區營造的論述中，並未重視到家庭結構轉變的問題，社區營造的最終目的，應該是使每一個在生活脈絡中的家庭，能享有較優質的生活，不是富裕的物質享受，而是較佳的生活品質。倘若如此，社區營造所涉及的議題，一定會包含在真實生活中錯綜複雜、環環相扣的生活議題和有機互動的關係之中，例如：居家安全、衛生、健康、環保、節能、老人安養、幼兒托育、兩性分工、親子關係、休閒娛樂及家庭溝通等。這些生活中的種種，沒有一項是與生活實踐無關的，也沒

有一項生活實踐不需要進入家庭的場域。換句話說，社區營造最終的目的是要進入家庭的生活實踐，否則社區營造的一切活動只能在家庭生活領域之外處理，甚致淪為社區活動，事件一過，就煙消雲散了。所謂「社區公共事務」的參與，到最後，也只造就了少數人的政治利益。如果我們接受上述的看法，那麼當前社區營造最大的挑戰，就是如何面對每一個家庭的「真實生活」，甚至必須處理到人自身的感受。也許，社區營造的基礎就是「家的營造」，尋找人對家的歸屬感。文建會的社造論述對家庭的營造想像始終處於模糊的階段，未能貫徹家的營造，社區營造將無法深植民心。

三、認同神話下扁平而均質化的「地方」

　　而社區的組織則必須是一串聯式的空間，必須有「產業交流中心」也就是產業策略聯盟的發展，文建會鼓勵年輕人返鄉創業，所以社區必須有其「區域性產業規劃」，也就是必須有「商業空間」。老年人參加社區研習課程、社區大學教育等，則必須有公園、社區活動中心等活動空間。兒童及青少年在社區內則有青少年資訊網路中心、校園空間及提高「文化認識」的在地「文化館」。最好也具有一個

「生態」社區（Eco-Community），利用生態教育、棲地營造出社區民眾對「土地」的認同，最佳的方案是有個「生態農場」。當然最好有廣場，讓社區活動、公眾參與有更好的展現。這個社區的街道則須要乾淨且必須綠美化，景觀則必須要「營造」出一個「特色」，用以顯現社區的「品質」，在這一定「品質」架構下，希望透過組織與企業化方法之運用，有效提供就業機會，吸引青年返鄉工作並改造地方發展體質，共同營造符合人性尺度及人性需求之多元化生活空間，提升社會整體競爭力。所以社造論述是經濟化的，與多年前許多失敗的「新市鎮」觀念部分雷同。除營造社區特色外也期望結合多個社區結合成為族群，然而這個族群被劃分為閩南人、客家人、外省人與原住民四大族群，各大族群則有其大方向的「特色」，藉由多元化特色融合後找到「現代化」的「臺灣特色」。

　　此情形在認同神話下，各大族群均隨政府的理念規劃成大方向的「特色」，在制式化的引導下，各族群有著制式跟特定的發展方向，地方均質化更趨明顯，2004 年國家機器推動示範社區分類，將所有城鄉風貌示範社區依其階段性的規劃重點分別歸類為空間類、文史類、生態類、產業類、及特色類，在此前提下地方發展受限且制式化，更因其加入了國族的認同，更使社區營造發展表現上是展現民主，事實上只是新威權的另一種策略。舉凡政府大力讚揚

的桃米社區、白米社區及山美社區等個案，以傲人的數字或成果造就了明星社區及模範社區的追求聲浪，各社區爭相不斷的複製，各自沉溺於經濟價值的成就中。

四、封閉排外的「父權新故鄉」：以國族為基礎的威權新社會與秩序空間

　　新威權國家對社區的介入，事實上是一個新國家父權體制的再建構，國家一方面能提供社區需要的資源。但另一方面，卻難以避免因經費援助所帶來的操縱問題。社造營造原本是由地方自主性（local autonomy）的展現，國家機器的權利下放事實上並未脫離父權的基礎，整個社區營造政策主導權仍在中央，中央將權力（補助）下放「地方」，地方指的是凍省後的地方政府，臺灣的地方政府至今仍以中央政府的臣屬自居，一昧對中央政府要求的是更多的經費，地方政府接獲補助後再連結地方鄉鎮公所，在基層被連結的是鄰里長，政府對相關社區文化團體仍是父權式的疏導與解決，基本論述的結構僅是一個新的威權架構。臺灣在推動此項計畫，並未先改變舊啓蒙思想所限制的官僚政治體制何專業知識態度，與市民社會的期望漸行漸遠。
　　在一再強調臺灣國族認同的情形下，臺灣輪廓越趨明

顯與全球化趨勢下的模糊國界背道而馳，臺灣未與世界接軌漸漸封閉。主政者提出「戒急用忍」政策，民進黨的「閉鎖政策」，鞏固臺灣內部的「臺灣人主體」論述。第三階段更建構出「愛臺灣」的狹隘性定義與壟斷性詮釋。至此階段「本土化臺灣人」的國族建構大致確立，而國族認同的解構與重構似乎同時在進行著，即使在後續接任的馬政權，也無法再回到大中華文化下的民族認同，反而處於一種更尷尬的狀態。不論以何種國族認同為基礎下，社造脫離不了父權體制，民眾對於社區的關心及想像需透過里長，里長當然為社區發展協會之總幹事，順理成章接受政府的補助，基於選舉考量等因素「協助」向地方公所或政府提案，國家機器仍像父親一般有無上的崇高地位，也以各種方式給予建設及改變，政府對於提案之內容及施作仍有審核的權力，對於成果大肆的宣揚，以表國家機器的德政及政績，除此之外亦可壓抑原本社會運動所造成的執政危機。

　　從文建會公佈的族群與文化發展會議計畫目標分析如下：

1.文化公民權的伸張

　　保存、創造與分享臺灣山海文化資源，伸張公民文化權，發展臺灣文化多樣性，蘊育文化公民意識，營造「國

家共同體」的認同。

在文建會公民社會理念中，由公民決定社區在地認同，在延伸至村里、鄉鎮再擴展到縣市、族群，共同營造國家共同體的「認同」，在其「文化公民權」申張目標中，仍然離不開「國族」的影子，且許多政治及經濟目的介入，加上制式化的「創造」地方文化資源，最終仍是以塑造國家認同為最終目標，讓地方性變了調，也使文化公民權蒙上了陰影。

2.臺灣主體性的重建

經由偕同參與、集體創造的土地認同與共同記憶，超越族群、血緣、語言、文化的侷限，進而建立同舟一命的全民共同體意識。

臺灣的社會中存在著四大族群－閩南人、客家人、外省人與原住民。陳水扁總統 93 年 4 月 13 日指示文建會與客委會、原民會、教育部及退輔會辦理族群與文化發展會議，大有族群融合的意味。陳其南說:「多樣性是臺灣的文化資產，多元文化是臺灣文化的原動力，希望透過整体活動來讓民眾認識到；臺灣社會應當向一個包容差異的共同體社會邁進」。多元化文化的話合眾國就是『福爾摩沙』。其理念是透過社造「營造」多元化特色，再「融合」各族群，發展「臺灣」特色，也說明了任何族群都不能超越「臺

灣的主體性」。

3.多元價值觀的建立

藉由不同形式的文化藝術活動，促使不同層級的社會成員有更健康的互動關係，促進尊重與欣賞，深化人文情感，豐富人文教育內涵。

其實這些宣言表面上中央與地方僅提供文化藝術資源，主權似乎是在於各地公民，事實上所有資源仍在官僚科層化的政府機構。以華山新臺灣藝文之星案為例，中央政策的行使，藝術家及各團體雖提出不同意見，但仍無溝通參與的機會，不經讓人懷疑利用文化交流真正可以改善族群問題？讓閩南以外的族群「融合」於本土化的認同中的目的大過族群容融合的意義。

在國族基礎下，臺灣是封閉的，社區居民的自主權仍被官僚體制所掌控，在此前提下社造只是維持新社會與秩序空間的方法，社造以各個部會營造與供給社區內不同的需要，實際上只是父權關係的複製，威權體制雖然已經瓦解，對於「父權」的依賴關係仍是深深的存在於社區中，「里長」作為接收中央或地方政府資源的窗口，再將「創造」或「改善」成果歸功於民意代表，從各社區的題字立碑文化即可得知，社區自主組織卻失去了舞台，這種模式用以建立新的秩序空間，地方發展是扁平而均質的，各有所需

自給自足，將可避免社會運動所造成的執政困擾，而社區的自主性是非常低的，這就是社造的新故鄉想像。

五、以現代化工業化為品質象徵的進步想像

首先由文建會推動的文化公民權政策來剖析其品質的想像，文建會與社區大學全國促進會理事長顧忠華，宣誓社區大學體系全力參與「文化公民權」，將其列為第二波民主化工程，再將「文化公民權活動」下加入了「公民美學運動」。公民美學運動的展開，文建會試圖告訴國民－臺灣視覺環境污染正需要公民的責任心，藉著將「美」的實踐視為是每一個人應盡的義務，落實在每一個公共與私有的領域中，展現對於環境的尊重。如此，臺灣視覺環境的美化及藝術生態的健全將不再是那麼遙不可及。其目的一則為提昇視覺環境的生活美學品味，再者為健全藝文生態，先行達到公民對美學的重視，才能進一步達到「文化公民權」的行使，推動「公民美學運動」，希望藉由「公民美學運動」「提昇」臺灣人的整體環境美感的重視，其宣稱理想中的社會應由所有公民來決定它的「桃花源」，其所稱之「桃花源」並非指實質空間的美好，而是由公民共同性認同的「美好」，在同一認同下心中的「桃花源」自然出現，

而向原住民和協自然的成為「公民社會」的寫照，各族群有共同生活的目標，共同活動的公共空間，桃花源內的居民和睦相處，形成和融融的景象，然而文建會對「美適性」仍有其「主控權」，其認為公民回歸到公園、客廳及廁所等每一個日常生活角落的美感體現，將公共環境與私人環境之品質提昇，綜觀上述，現今許多「品質」的提昇卻粗劣的被等同於實質空間現代化及工業化改善，讓所謂的「美感」變了調，而淪為「城鄉景觀改造運動」。

　　然而在文建會所述的「公民美學」除了環境美化外還有「文化創意產業與工藝美學運動」，構想來源來自英國「工藝美術運動」希望產業能靠「工藝」做為生活的經濟來源，如何提昇產業工藝美學，也是公民美學的重點，然而許多社造「創造」的產品卻只是將「文化」拓印於現代化工業化產品中，經濟考量下使「文化創意產業」成了「社造」追求的目標，巧妙的將「文化公民權」論述建立於「社造」中。

　　「文化公民權」宣言中的「國家社會共同體的認同」展現在「族群與文化發展會議」的舉行，其指出臺灣是一個多元族群的社會，擁有繽紛豐富的多元文化特色，希望藉由各族群文化特色的交流，邁向多元族群的文化美學共同體。文建會在「族群與文化發展會議」期間，同時舉辦「多元族群嘉年華」系列活動，包含不同族群的美食、戲

曲、音樂、影像及空間裝置藝術，除了有保留文化特色發展之實質意義外也頗有族群大和解的涵義在。這就是社造論述無法擺脫國族陰影，成為一個擁有現代化品質的美感的國族新社區。

對文建會來說「公民社會」屬於捲土重來的論述，以「文化公民權」行使做為實踐的目標，而實踐的手段則以「公民美學運動」，其認為臺灣人民美學概念不足，利用公民美學運動提高民眾對環境周遭環境美化的重視。事實上其論述隱約希望將臺灣美學帶入菁英品位的貴族美感，並在每個縣市設置景觀總顧問來審查，然而「美適感」也多側重於「視覺美」，而這個美感常由專業的規劃設計者及政治決策者之主觀意志所主宰，由於其社造論述企圖用現代化美學及其經濟效益來解決社會問題，也讓所謂的美感變了調。其後更以族群與文化發展會議及公民嘉年華活動達到其「國家認同」目的，並藉由文化公民權運動，企圖重修公民對執政者的認同。

六、差異地誌的文化產業異化

社造論述以現代化的「品質」作為社區環境改善的主要手法外，基於經濟發展的考量，將文化產業當成行銷的

工具，「地方文化產業」已成爲近年來各部門經濟發展主要動力，「創造」擁有現代化商品「結合」特色，使得地方文化產業行銷成爲地區的新興發展重點。文建會藉由「社區總體營造」論述推動「文化產業」，2002 年正式提出「文化創意產業」政策，其論述是將 1997 年在英國的文化經濟策略完全轉植到臺灣，其與「觀光客倍增計畫」息息相關。和英國相比，臺灣沒有成熟的環境、沒有完整的產業發展基礎，施行「文化創意產業」分類的十三項，其實都沿襲自英國的經驗，政策上似乎只學到了一個空殼子。在其他國家，並非先有了政策才會有文化創意業，文化產業是地方永久自然產生的產物。事實上，有了國家的介入干擾，對文化產業反而造成了改變。政府推動的「文化創意產業」，一再強調「以文化爲內涵的產業」，政策的推動使地方文化掉進「現代化商品」的陷阱，以爲「以文化爲核心」的現代化產品，就一定可以銷售成功。因政府先入爲主的「創造」政策從產業及經濟發展面下手，不但無法達到經濟永續發展，更將可能使原本的文化漸漸失去意義。

　　所謂的文化產業應根植於文化，具有社區性、地域性、社群性及文化認同性。文化產業應是能創造民眾精神滿足，令人感到幸福的產業。政府所論述的「文化」，指的是恢復過去的傳統並「發揚光大」將之加入市場競爭中，在社造論述中被實踐的結果往往使社區不自覺地陷入資本

主義的遊戲陷阱裡。尤其當喊出文化產業化時，希冀各社區的特色發展附加上可以觀光消費的產品，又為了迎合觀光遊客的想像與期待，現階段社區往往主動修改自己的原貌。許多地方面對全球化衝擊而出現的城鄉移民現象，公部門試圖藉文化產業化的形式來進行社區再造，創造在其眼中所謂的經濟效益，並期待以此解決社會問題及矛盾。然而，在這樣的遊戲規則下，卻造成社區居民心裡上極大的落差，甚至演變成社區的內耗、不信任、及引來更多不懂社區文化的人口最後造成社區分裂。

每個問題的形成，都有其社會與文化的因素，在面對或設法解決問題之時，往往又容易落入「解決問題又製造新問題」的深淵，試圖改變某種情況，卻又在錯誤的邏輯層次上採取行動，其行動策略無疑是犯了在邏輯層次上誤置的錯誤。當國家機器意圖以文化的手段解決經濟的問題時，實際上卻已使社區受到一雙看不見的黑手所操弄，地方文化變成決策者所衡量的利益下進行，居民也易受到影響而變的貪婪。以金門縣烈嶼鄉為例，曾經是個特殊戰地，有許多的戰地文化，很多反共標語及純樸的商店及街道，除了是當地居民的回憶，也是曾經在那裡服役者的共同記憶，現在從大金門水頭碼頭抵達九宮碼頭的一剎那，迎接你的不是反共標語，而是歡迎光臨烈嶼鄉幾個撰金字。到了小金門曾經最純樸的東林街，原本以木板毛筆字為招牌

的商店，也在招牌統一後，出現制式現代化的造型燈、招牌及連鎖磚舖面，改造後反而再也聞不到一絲原本文化的氣息。再往偏遠營區走去，原本的戰備跑道被舖滿了連鎖磚，並標示腳踏車道。許多當時純樸的水井也被貼上大理石，一些原本用來遮掩戰備跑道的木麻黃部分也變成了杜鵑花。這幾年軍人迅速減少，所有商店居然得知當日無觀光團前來，皆未開店，一切生活都以經濟取向為前提。這裡流失的不僅是曾經駐守的軍人，而是當地的文化產業。如果將社區產業發展以經營商店形式為主軸，居民參與的程度，可能就僅止於商業經營這部分。而環境的改善，僅僅是滿足遊客的需求，卻可能失去社區原有的面貌。更重要的是，體驗式的社區休閒產業，應該是讓遊客來體驗當地的文化特色，如果只是為了遊客而特地設計出來的旅遊行程以及旅遊活動，這樣完全違背了所謂社區營造的精神。看到原本文化產業在現代化操作下漸漸失去了原意，非但無法解決社會問題及矛盾更會加深空間及社會的斷裂。

所謂創意產業論述概念的起源一般認為從英國開始，英國的創意產業由英國首相布萊爾（Tony Blair）於1997 年籌設「創意產業籌備小組」直接推動，並於 1998年提出第一份的「創意產業」報告。一般認為英國也是全世界最擅長運用創意產業的國家。其成功並不僅在科技創

新，另外回頭思考如何利用既有的文化藝術，予以重新包裝，並賦予新的展現型態與內涵，後續香港、澳洲、丹麥政府及新加坡與南韓也陸續投入文化創意產業的推動，臺灣必須思考如何讓「文化」創意產業的「文化」層面更有內涵。

臺灣在政經的發展過程中，雖然曾經創造「經濟奇蹟」，不過隨著全球化的趨勢，臺灣的代工等優勢被其他新興開發中國家所取代，也因當初商品大都並未具有在地性文化特色，臺灣將面臨缺乏特色商品競爭優勢的危機。有鑑於此，行政院在《挑戰 2008：國家發展重點計畫》中將「文化創意產業發展計畫」列入，並與「新故鄉社區營造」及「水與綠建設」等計畫結合，希望以社區營造找回或創造新的在地性文化特色繼而發展文化創意產業。當然論述播接到了臺灣會因管轄之單位機關的不同，針對其「專業」給予不同意函，卻常因此改變原有論述之意義。然而所謂「文化創意產業」並非單指設計性強或具符號與經濟價值之商品，而是這些商品或所蘊含的符號（Sign、Emblem）、隱喻（Metaphor）與象徵（Symbol）必須能夠彰顯出國家或地區在地文化特色或生活型態。故臺灣近年部分的文化創意產業，部分產品是沒有累積與代表性的，在地性特色無法彰顯表達。

臺灣「地方文化產業」發展形態大概都以地方傳統文

化產業(Local Traditional Vulture Industry)、 地方觀
光文化產業(Local Tourist Culture Induxtry) 及地方文
化活動產業(local culture activities industry) 三種
型態作為主要發展方式,簡易分析如下:

地方傳統文化產業(Local Traditional Vulture Industry)。
臺灣社造實踐的山美社區、白米社區及後壁社區即以恢復
傳統文化產業作為主軸,凝聚人心創造不同於傳統的新價
值。其中例舉後壁社區為例之因素在於與其他案例之反
差,臺灣社區以休閒農村發展從南到北各地都有休閒農
莊、生態農場、觀光果園等,經營模式雷同,地方特色也
雷同,即使相同的文化商品或雷同的背景,應該也會有不
同的符號與意義,整體發展下自然並未出現有競爭力的文
化創意產業,整體發展過於偏重經濟層面。

地方觀光文化產業(Local Tourist Culture Induxtry)。
然而這與地方傳統產業是有關連性的,凡舉山美社區、後
壁社區、白米社區及珍珠社區等,都是以觀光行銷方式吸
引遊客作深度旅遊既而延續社區經濟。唯獨社區發展之觀
光是屬於深度觀光,而政府主導的地方觀光行銷較趨向於
產品行銷,與文化關聯性低,民眾僅將地名與產品作聯結,
有在地性有產業,但與文化的聯結卻是較疏離的。觀光文
化產業主要的目的是透過各地特色化的在地性文化活動,
連結其他周邊產業共同發展出整體性的地區觀光策略,為

府協助辦理節慶的本質不應就在於創造地方經濟價值，在並未考量地方文化的永續性，對原本的自主性活動並非幫助而是破壞。文化節設計的手法與地方產生深度的連結，才能真的聯繫人心，開創新經驗、新價值及新認同的社會生活。故目前許多活動設計與實踐實有檢討之空間。

　　社造論述以現代化的「品質」作為社區環境改善的主要手法外，基於經濟發展的考量，將文化產業當成行銷的工具，「地方文化產業」已成為近年來各部門經濟發展主要動力，「創造」擁有現代化商品「結合」特色，使得地方文化產業行銷成為地區的新興發展重點。在其他國家，並非先有了政策才會有文化創意業，文化產業是地方永久自然產生的產物。事實上，有了國家的介入干擾，對文化產業反而造成了改變。因政府先入為主的「創造」政策從產業及經濟發展面下手，不但無法達到經濟永續發展，更將可能使原本的文化漸漸失去意義。所謂的文化產業應根植於文化，具有社區性、地域性、社群性及文化認同性。文化產業應是能創造民眾精神滿足，令人感到幸福的產業。尤其當喊出文化產業化時，希冀各社區的特色發展附加上可以觀光消費的產品，又為了迎合觀光遊客的想像與期待，現階段社區往往主動修改自己的原貌。許多地方面對全球化衝擊而出現的城鄉移民現象，公部門試圖藉文化產業化的形式來進行社區再造，創造在其眼中所謂的經濟效益，

並期待以此解決社會問題及矛盾。然而，在這樣的遊戲規則下，卻造成社區居民心裡上極大的落差，甚至演變成社區的內耗、不信任、及引來更多不懂社區文化的人口最後造成社區分裂。

沒有內涵的產業經營型態並無法長久，必須從文化層面去加持產業發展，使產業的特點被彰顯，才能提升產業發展的生命力。在深度旅遊中文化上的感性消費才能帶來精神的快樂。所以，「文化內涵」是產品中重要的成分，將文化內涵具體的轉化，套用在產品外在的表現形式，進一步創造文化價值的認同，與提高附加價值性，就是文化產業重要性之一。許多案例在此理論下文化被商品化，許多廟會文化經過補助改以文化祭取代，卻在經濟考量下變成了夜市文化，這樣的文化與創意振興方案，很容易造成社會資源分配不公及預算排擠效應，民眾只參加而未參與，使很多社會問題失去解決的機會，然而許多文化創意產品的設計也過於缺少創意，根本無法與地方文化連結，且通常商品採取委外經營商店的模式，常為獲利而無法兼顧商品本身深刻的意涵，原本屬於本地的特色卻在現代化的潮流下漸漸被淹沒。當社造推行在普遍未考量地域性的同時，文化被廉價化，文化跟商品跟食品等質化，社造之所以大力推動文化商品，主要之目的在於發展地方的經濟，然而商品本身卻往往因為其銷售成績代表文化推展的

成效，而銷售好的商品卻在各社區爭相仿效下失去了價值，使得產品越來越廉價，淪為夜市文化商品之一環，當多數社區處在永續經營即是要發展產業、增加收入，以藉此延續社區生命力時，似乎是依據福利經濟學的概念，要以經濟發展來達到社會每個人都是快樂的原則。從舉例分析的案件中看到了許多社區的文化產業實踐成果。雖短期來看比不上九份、內灣或其他地區所得之經濟效應，實際確是具備永續經營的想法與願景。所以落實社區在地化文化延伸到文化創意產業的過程中，前者應先確實紮根，後者才能發揚光大，缺一不可，臺灣要做到的在地化目標，並非僅為在地化文化創意產品可以登上全球的舞台而已，更要強化在地化的認同，也就是即使是不問任何全球化商品到了地方之後，必須要有不同的意義，就全球層次而言意義並不一定明顯，在地方而言卻能展現某種重要的文化意涵，這是臺灣普遍尚未達成的部分，仍有加強之空間。

七、空間與社會的斷裂

臺灣在快速的經濟發展過程下，形成城鄉人口的大遷移，瓦解了傳統農村的社區，也造就了廣大的城市新移民。在這過程中，城市也提供了許多廉價但無根的新社區。再

加上發展意識的煽動下，城鄉土地的炒作更對社區歷史記憶造成無情的催殘大部分的空間生產的專業者，就是社區的終結者，在他們所做的任何社區建築方案或都市規劃都圍繞著現代化與空間商品化來操作，不存在任何一絲地方社區。社區的力量相當微弱，傳統農村社區被催毀，城市的新社區也沒有建立，空間跟社會發生斷層，分裂的空間卻弔詭的成為社造興起的舞臺，社造原始的意涵為確認文化地域認同，動員群眾已達需求，組織社區、看守地方以保存意義、恢復對於工作與住居的控制力，以及在新歷史地景的抽象性裡，重新創造愛與歡笑。在現代的社會人與人之間的關係越來越冷漠，任何空間可以看到越來越多的告示牌越來越多的指標，人與人之間越來越不需接觸與溝通，只靠現代化的資訊跟指標即可自己完成一件事，越年輕的一輩越無法與人溝通，這種情形在社造後並未明顯改變。根據阿雷克(Ronald V.Urick)在其所著的「疏離感：個人或社會問題」(Alienation：Individual or Soc-ial Problem)一書中指稱，導致疏離感的原因有自我意識的喪失、科層制度(Bureaucration system)、極端的空虛、工作的社會性及參與行動的壓抑。事實上制式化的社造的實施，多以現代主義純粹空間的認識論模式，許多空間美感多以「視覺」為中心、武斷強調「愉悅原則」(pleasure principle)，並未真實的改善導致疏離感的原因，空間及

相關社會脈絡之間並未連結，而是斷裂的，自然許多社區自此失去了靈魂。

在提倡人民自主從下而上的論述下，卻仍離不開技術官僚為主的科層制影響，以新北市政府的縣民廣場為例，自從完工後鮮少有民眾在此活動，除了縣府常辦一些夜市文化的活動外，人煙稀少。因為廣場規劃時就未設置在民眾常會自然聚集的地點，所謂的專業團隊仍有著規劃哪裡是廣場民眾就該來這裡活動的觀念。近年慢慢的一些團體試圖在這裡做活動，帶狗散步、滑直排輪及滑板車，似乎看到了民眾自主的活動漸漸出現，到了晚上漸漸熱鬧起來，廣場下的商店也有了生機。曾幾何時廣場入口以粗俗不堪的不鏽鋼圍起來，上面還寫著禁止遛狗、玩直排輪與騎腳踏車等。臺北縣政府指出，因遛狗常隨地大小便引起髒亂，禁止直排輪、腳踏車則是考量民眾安全。縣民廣場又恢復原本的冷清，成為名副其實的「限」民廣場。政府在這個廣場空間規劃時即未考量民眾自主的活動，只考量民眾「參加」的活動，所以民眾自主的活動並非規劃在此空間出現，未有活動的時候它應該要是乾淨、清潔、整齊極有「品質」的，空間與人之間是冷漠的，所辦的活動參加常是員工比參加的民眾還多，許多民眾甚至要里長或代表「動員」來撐場面，這就是現在社會仍無法改變的現況，「縣民廣場」四個字卻成為最大的諷刺。

圖 5-1 「縣」民廣場的限制看板

　　另外以新北市新店溪洲部落為例，原住民傳統部落習性以河川旁為居住地。隨著都市化及工業化的影響，居民離開家園來到臺北討生活，一如往常的選擇與平地人隔離的新店溪旁居住，已居住了三十年之久，原住民自治自助的營造自己的生活環境。96 年 12 月 18 日臺北縣政府原住民族行政局（現新北市政府）寄來開會公文，開會事由是：「新店市溪洲路、環河路等違建聚落安遷及拆除說明會」。12 月 20 日，臺北縣政府（現新北市政府）未經族人同意及協調，在部落族人豐年祭會場（同時也是小孩子平常遊戲的籃球場），以四根冰冷尖實的鐵柱，釘在部落生活的土

地上，搭置大於部落聚會所四倍的棚子以召開說明會之用。部落裡的 ina（媽媽）說：「我們那麼愛護我們的土地，政府高興蓋就蓋，也沒有經過任何人的同意……。」 顯示著國家威權官僚主義仍存在地方政府的心中，一開始即展現出地方官僚以合法合理的霸權及對環境毫不尊重的心態。96 年 12 月 21 日，臺北縣原住民族行政局及水利局的官員到溪洲部落「臺北縣三峽原住民族文化部落安遷說明會」，在不受尊重的前提下，族人以不簽到、不列席的方式聚集在部落商店前，一起齊聲高唱：「在溪洲路，我們是一家人」、「我們團結起來，捍衛我的家園」，手持「拒絕輔導安遷」，並且大聲呼喊：「溪洲部落，就地居住！」表達族人堅決的訴求。回溯原住民族的遷徙，有幾段重大歷史轉折，日治時期，日本人以「集團移住」強制原住民族遷徙，如霧社事件後，遷移莫那魯道的馬赫波社居民至川中島，以降低反抗意識，並剝奪走部落原有的土地，實行殖民統治。近代的遷徙，則受到天災的影響如九二一大地震及颱風造成的災害，導致家園破碎，必須遷移至他地。一個都市計畫的通過同時也把溪洲部落故事與記憶活埋。一個具有原住民文化的部落，竟比不上無人公園。社區居民的居住權仍敵不過技術官僚的行水區說辭及法條的僵化，居住三十幾年的族人的生活經驗，卻比不上專業者一堆數據的判斷，政府無法正視都市原住民的居住權、土地權、生存

權及自治權，社會與空間的關係嚴重斷裂。這種問題並不是安頓跟遷徙可以修補的裂痕，因為三十年的空間及記憶將再也無法找回，這個事件中看到了原住民「少一點建築，多一點人，多一點祖靈」的期望。

　　社造論述在政府主導後，一度強調自足地方及市民社會，但在制度化及國族認同下的社造，市民社會淪為回應中產階級的一個口號，進一步剖析社造論述的切入點，其對於家庭的想像是模糊的，在國族認同神話下，地方是扁平而均質的，空間是現代化及有品質的，社區內應有依文化特色而興起的「文化產業」，實踐後卻常使文化產業成為行銷的工具，一連串的實踐結果，非但無法解決社會問題及矛盾，卻使空間及社會無法連結。

第陸章　結論

一、　整體回顧

　　臺灣從戰後傳統的農業社會結構受到經濟、政治等的影響，社會結構受到重大的改變，起初靠建設及發展國家機器上仍維護其合法性，其後新威權的崛起透過本土意識及金權的操控下，臺灣社會漸漸分裂，城鄉差距漸大，居住在鄉村者被視為落後的地方，貧富差距加大，經濟取向大於一切的觀念衍生，加上政治上藍綠分明，社會被切割，人也漸漸冷漠及疏離，在此重大改變下，家庭由大家庭改為小家庭，而家族、宗親觀念則在這一轉變中所消失。在此情形下，臺灣產生許多社會矛盾及困境，弔詭的是，社區及地方意識卻在分裂的時空中興起，地方自治組織與團體在此時蓬勃發展，一度認為家族和宗親的觀念，再社區自主意識浮現後，可能為城市居民凝聚的另一種新型態的

家族和宗親的觀念。然而，在資本主義缺乏彈性的國家機器操作之下，以「社區總體營造」、「生命共同體」論述企圖將自治運動收編，除將改革「新」的經濟農村讓外出的遊子返鄉外，社造論述也將「切入點」一一點出，卻造成類似「規範」的效果，造成先入為主的地方特色設定，並在其論述融入臺灣國族的影子，所謂的「公民社會」只停留在知識分子的語言中，漸漸模糊而遙遠。

二、逐漸失去的市民意識

臺灣主要受到美國等國家主導的凱恩斯經濟模型資本主義影響，他的特色是國家機器在經濟上積極的介入，透過政策與規劃進行技術及理性的社會控制，進而節制整個系統的資本累積與跨大再生產。對第二次世界大戰後，資本主義全球性的分工的狀態逐漸形成。這個階段出現了資本流通的現象以及生產基地的向第三世界分散的狀況。這因為這樣的轉變，之前福利國家資本系統已經無法達成其目的，在充滿衝突及矛盾的社會，資本主義就有官僚結構並未改變，而是以另一個新的資本主義系統來面對衝突與社會矛盾的問題。然而，其面對問題的考量卻並非以民眾需求作為前提，例如一個社區如果想將當地的河川美化

或者設置親水遊憩場所，第一個面臨的將會是水利法的限制及河川公地使用申請的程序，再來即為技術官僚掌握的適當性考量，再加上地方派系原本經濟考量的衝突，一開始即窒礙難行，這就是官僚系統引領下的現象。

對一般居民而言，「社區」是一個模糊的概念。從過去快速發展的社區營造案例經驗裏。大部分的社區營造並沒有涉入人的真實生活。也就是說，社區營造並沒有進入日常生活脈絡和實踐的領域，所有的行動仍停留在「社區公共事務」或「社區空間美化」的討論和建議層面。其實多數是由「社區代言人」或「代理人」所推展的（一般為民意代表或村里長）。無可諱言，透過了政治性的對話、協商或抗爭，多少鬆動了原本由上而下的政治決策方式，也少許影響了政治資源分配的模式，但影響有限。然而，藉由部分資源的下放，卻也達成了官僚體制收編社區的政治目的，真正的社區問題仍隱藏在日常生活脈絡之中，再度被壓抑。原本在解嚴後一度浮現的市民社會願景，在新的資本主義官僚系統的操作下，再度回到了原點，在解嚴之前，臺灣沒有都市政治，只有國家的政治，只有國家認同的政治，弔詭的是新威權營造著一個新的國族認同收編原來以人為主的自主社會運動，使得市民意識漸漸失去，社區再度回到從前的冷漠，環境的改善再度回到少數人及專業團體的舞臺。

具備市民意識的人民聚集起來，形成抵制力量，在這個過程新的人才會誕生，這就是社會運動的意義。改變了人，才會改變社區及城市，也就是改變了社會。八、九○年代時，社運蓬勃發展，公民社會雛型出現，卻在「社區總體營造」政策出現後漸漸消失，這種地域認同與國族認同的拉鋸下，民粹主義跟草根民主的對抗下，顯然國族認同佔了上風，社區開始爭相搶食政策中的大餅，也代表著浮現中的市民社會地方自主性漸漸消失，唯一的希望是看臺灣人民有沒有自覺。

　　行政院院會於 2003 年通過「社區營造條例」草案，企圖將社區營造制度化、法制化。依「社區營造條例草案」的內容，社區居民基於自主及自治意識，針對社區公共事務，得依社區營造條例規定程序形成社區營造協定。社區公共事務，包括下列事項：

■社區精神、特色及公共意識之營造。

■社區傳統藝術之文化保存、維護及推廣活動之辦理。

■社區健康照顧與社會福利之保障及供應。

■社區土地、空間、景觀及環境之營造。

■社區生產、生態及生活環境之保護。

■社區產業之發展與振興。

■社區土地及資源之開發利用。

■社區居民生活安全、犯罪預防及災害防救準備。

■其他社區營造推動事項。

社區營造協定依其內容及性質分類如下：

■社區建議：針對社區公共事務之建議，提供權責機關作為施政或辦理業務之參考，或作為社區居民自我約束之遵行之依據。

■社區憲章：針對社區未來發展和營造目標之基本原則，具有宣示、啟發、提醒、引導及規勸等作用。

■社區公約：針對社區公共事務領域所形成之具體行為規範，具有不同程度之強制力，包括罰責。

■社區計劃：針對開發、利用和保存社區土地、空間、景觀、環境及各種有形資產之實質計劃案，涉及社區成員權利義務之規範事項者。

然而，法規制度的設立，係產自於「控制」的觀念。完備而嚴密的法規制度往往無法適應瞬息萬變的社會環境，更容易造成組織行為的僵化，產生組織目標被移植作用使法規本身變成了人員行為遵守的最終目標，至於工作的真正目標為何？組織成員反而常是無暇顧及。弔詭的是，其所推動「社區營造條例」的案例卻是來自山美部落的自治公約，藉此對人民勾勒出美麗的願景。不同的是，要經過政府「社區營造審議委員會」的核定與決策。然而，所謂的「契約」不應是政府所訂出來的，必須透過當時者

有相同的共同認知，透過無形的制約來達到共同的目標。所以社區營造本應為社區居民自主參與及自我約束，為社會活力之展現，社區居民由活動中找到共識及未來展望。在國家機器主導下，社區營造條例通過後能否真正解決社區的問題，或是給予一些投機的玩法分子及地方權力集團從事鑽法律漏洞的機會，可想而知。地方權力集團或地方派系多討論的主旨是「控制」，思考者如何控制地方資源及宰制地方。而公民社會的討論正好是它的對立面，並強調市民不只是國家或政治團體操作的客體，更要努力抵抗政治經濟的扭曲力量，讓人民在社區裡過好的生活。

三、社區不再！？

臺灣戰後以來國家本質皆偏重於大中國文化認同，利用專制的官僚主義體系維持國家的合法性，長期操作之下缺乏社會的凝聚能力，加上城鄉移民造成的疏離。加上快速化的交通便捷工具，人對環境的感覺漸漸失去。在傳統的農業社會，不需門牌不用路標，居民對社區環境有著共同的切深切的感覺，即使坐火車到其他鄉鎮或城市，沿途的風景及景觀映入眼簾。在捷運及高鐵完成後，對經過各地點的感觸只剩下冰冷的指示牌，大環境的改變加上失去

產生共同體社會共識的社會意識，原本所擁有熱情的臺灣人，越來越冷漠，原本在差異的時空中自然興起的社區意識及社會運動，或許是改變的契機，卻在資本主義國族操弄下再度被收編，社區營造失去實質自動自治的意義，甚至於淪爲選舉的口號，甚至變成地產的宣傳，實爲一大遺憾。

在封建的歐洲早已有「自由城市」的存在，然而臺灣在模仿西方的政體架構、國家型態及論述實踐時，往往忽略了實質內涵，尤其常標榜仿效日本案例，卻無法仿效案例的精隨。

一般常見公部門以日本妻籠宿爲成功之案例。然而這個個案的成功，不在於環境的建設，不在於歷史建物的保留，而是在社區居民自動、自發訂定「妻籠住民憲章」，共同對住屋「不租、不賣、不破壞」的精神。然而，臺灣的公部門普遍只看到妻籠宿成功的一面，並未了解發起人當初尋求認同的艱難。而臺灣的社區營造常並非社區自主團體所建構，有些村里幹事兼社區發展協會總幹事，包下社區組織運作，常致社區發展協會「有名無實」，這樣的社區基層，能給「社造」甚麼實際的效益，可想而知。而靠資格限定的專業團體所「創造」，再加入國族及經濟取向，仍停留在依賴技術官僚的理性，依其「正確」的決策，所有問題即可獲得解決，許多案件在責任及法規考量下，充其

量只是藉以合理化統治的論術與方法，在新社會空間秩序的想像下，原本存在的自為的社區（Communityforitself）因此漸漸消失，亦無法改善社會變遷導致疏離感的問題，空間及相關社會脈絡之間並未連結，自然許多社區自此失去了靈魂，原本興起的自主社區漸漸消失。

　　環境的改善實際上是一種精神的療癒，唯有地方自主營造的環境才能達到最佳的癒療效果。在失去社區自主的能力後，民眾只能期待某些政黨或候選人當選來改善現況及環境，將自主權再度交還國家機器，為許多民主國家少見的現象。社區為公民社會發展的策略，不能被誤導到視社區為靜態被動的客體，被政府或其委託的專業團體所塑造。專業者如果無法做到「與地區居民共同規劃」（with people）提升到「由地區居民自己來規劃」（by people），原本草根民主的社區除需面對官僚的政府體系外另外仍需對抗所謂的專業者進入所造成的影響。近年來社區營造提案漸漸減少，社區總體營造漸成為宣導政令的工具之一，節能減碳的政策也又驅使生態或低碳社區規劃再度成為風潮，這也是政黨再度輪替後對社造案件的冷處理。在國家機器以新的社造論述詮釋社區營造後，社會活動也漸漸的消失，直到近年才開始又有大型社會活動的出現，如大埔、文林苑及太陽花學運等，但在整體社會體制與法匠主義的綁架下，抗爭多只是出現強烈的情緒宣洩的效果。政府在

面對抗爭下其實已失去了解決社會問題的能力。這也是在新威權重新建構臺灣國族意識後，經歷綠色執政後，後繼的執政者即不能延續臺灣國族意識，卻又無法回復原有塑造的大中國意識，而陷入了另一種統治危機中。然而，代議政治是由選舉產生的人民代表，用來行使人民賦行的權利。然而，民代並不代表取得此項權力後即可在任期內任意的作為，各種現象都表現出面對公民社會的實現，臺灣仍須更加努力。

　　社區的意思其實應包括社區與社群，社區常會被誤解是居住在一起的一群人，而社群則可能是許多不同的群體。解嚴後的臺灣因要求社會改革與反省產生了許多社會運動，也讓國家機器面對統治性的挑戰。部分民眾在抗爭後會回歸原有的生活，部分則加入社群團體繼續抗爭，而部分則轉而推動社區營造這件事。然而國家機器以社區營造論述透過文化等認同整合政治認同，吊軌的由從上而下的官僚體系來呼喚由下而上的草根民主，企圖將社區營造這件事制度化。這樣的實踐手法常使社區出現有經費才營造的狀況，許多社區「培力」的研討會，許多社區紛紛要求教導提案的計畫書怎樣書寫，提案程序如何進行，社區反而會因此漸漸失去了自主的力量。許多社區專業者，常有一種適用於各社區的社區問題發現手法，然而面對社區的問題的發現，也並非只有一貫的標準作業流程，或許讓

社區問題在網路上充分的發表討論也是可以選擇的，具體來說視社區整體狀況必須彈性的規劃。面對環境規劃的方式也不該只是從最小抗爭路徑為優先，大部分的社區規劃者都從社區外環境開始向內規劃，但真正的社造方法則是必須從進入家開始，因為社區營造重點是家的營造，進入了家庭才易凝聚人的力量，例如我們看到吉慶里的聖誕巷，其實就是從志工送餐到家進行老人關懷所開始的。社區營造並非教人活於封閉的社會，於各社區的實踐中應避免陷入部落主義的陷阱裡。臺灣在威權時期的教育制度並未有社會體認，人從家庭到學校升旗，然後接受大中國文化的民族教育，國家機器把社會主義都打壓成共產主義社會，人民並無法體認「社會主義」論述的意義。各種社造實踐都需有發現問題的能力，人心凝聚與抗爭並非只是情緒的發洩，而是面對問題解決問題。建立對國家機器的「制度」雙向的對話，而非相信個人或憎恨特定的人，或者期待某些人能改變自己的生活或社區，一切還需回到人的本身。

國家圖書館出版品預行編目資料

21世紀臺灣社區營造論述之形構

述之形構

建議售價‧260元

作者：柯一青

校對：柯一青

編輯排版：林孟侃

編輯部：徐錦淳、黃麗穎、林榮威、吳適意、林孟侃、陳逸儒

設計部：張禮南、何佳誼、賴澧淳

經銷部：焦正偉、莊博亞、劉承薇、劉育姍、何思頓

業務部：張輝潭、黃姿虹、莊淑靜、林金郎

營運中心：李莉吟、曾千熏

發行人：張輝潭

出版發行：白象文化事業有限公司

402 台中市南區美村路二段 392 號

出版、購書專線：(04)2265-2939

傳真：(04)2265-1171

21世紀臺灣社區營造論述之形構/柯一青著
－初版－臺中市：白象文化‧民103.06
　　面：　　公分
ISBN 978-986-358-013-3 (平裝)
1.社區總體營造 2.臺灣
545.0933　　　　　　　　　103006213

白象文化

宏燁印刷有限公司

版　次：2014 年(民 103)六月初版一刷
　　　　2015 年(民 104)七月初版二刷

──────────── 設計編印 ────────────

白象文化 ｜ 印書小舖

網　址：www.ElephantWhite.com.tw

電　郵：press.store@msa.hinet.net